拉姆·查兰
管理经典

[美] 拉姆·查兰 著
(Ram Charan)

杨懿梅 萧峰◎译

客户说
如何真正为客户创造价值

What the
Customer
Wants You
to Know

机械工业出版社
CHINA MACHINE PRESS

图书在版编目（CIP）数据

客户说：如何真正为客户创造价值 /（美）查兰（Charan, R.）著；杨懿梅，萧峰译. —北京：机械工业出版社，2015.12（2023.3重印）
（拉姆·查兰管理经典）
书名原文：What the Customer Wants You to Know
ISBN 978-7-111-52444-1

I. 客⋯ Ⅱ. ①查⋯ ②杨⋯ ③萧⋯ Ⅲ. 企业管理-销售管理 Ⅳ. F274

中国版本图书馆 CIP 数据核字（2015）第 295740 号

北京市版权局著作权合同登记　图字：01-2014-0465 号。

Ram Charan. What the Customer Wants You to Know.
Copyright © 2007 by Ram Charan.
Simplified Chinese Translation Copyright © 2016 by China Machine Press.
Simplified Chinese translation rights arranged with Ram Charanthrough Andrew Nurnberg Associates International Ltd. This edition is authorized for sale in the Chinese mainland (excluding Hong Kong SAR, Macao SAR and Taiwan).

No part of this book may be reproduced or transmitted in any form or by any means, electronic or mechanical, including photocopying, recording or any information storage and retrieval system, without permission, in writing, from the publisher.
All rights reserved.

本书中文简体字版由 Ram Charan 通过 Andrew Nurnberg Associates International Ltd. 授权机械工业出版社在中国大陆地区（不包括香港、澳门特别行政区及台湾地区）独家出版发行。未经出版者书面许可，不得以任何方式抄袭、复制或节录本书中的任何部分。

客户说：如何真正为客户创造价值

出版发行：	机械工业出版社（北京市西城区百万庄大街22号　邮政编码：100037）
责任编辑：	岳晓月
责任校对：	董纪丽
印　　刷：	北京联兴盛业印刷股份有限公司
版　　次：	2023年3月第1版第18次印刷
开　　本：	147mm×210mm　1/32
印　　张：	5.875
书　　号：	ISBN 978-7-111-52444-1
定　　价：	39.00元

客服电话：(010) 88361066　68326294

版权所有·侵权必究
封底无防伪标均为盗版

献给我的12个兄弟姐妹，他们和我在同一个屋檐下生活了50年。正是因为他们的无私奉献，我才有机会接受正规的教育。

译者序
What the Customer
Wants You to Know。。。。。。

我们的工作，就是帮客户成功

《客户说》是拉姆·查兰先生在其所有著作中非常看重的一本。这不仅是因为本书内容本身的重要性及实用性，更是因为这恰恰是查兰自己毕生遵循的至高准则。

先说说这本书。

本书写于 10 年前。早在那时，查兰就洞察到了当今时代的特点，即市场充分竞争、信息充分透明。这意味着，在很多行业，新的供应商会不断涌现，供大于求会成为常态。随着互联网的普及，过去买卖双方信息不对称的问题，会成为历史。客户会不遗余力地利用供大于求的市场格局，以及充分透明的市场信息，不断要求供应商降价。

在这样的市场态势下，光靠产品好、关系铁，销售仍有可能拿不到订单。有时即便能拿到订单，也是有订单没利润，甚至做得越多亏得越多。这就是本书第 1 章 "现有模式，难以为继" 中描述的很多企业面临的困境。

这样的困境，应如何破解？

其实换个角度看，这些企业的客户的日子也不好过，也面临着同样的竞争压力。客户也希望在各自的市场上，战胜竞争对手，保持领先地位；不断发展业务，持续提升业绩。虽然他们不会明说，但他们想要的不是只做一锤子买卖的供应商，而是真正能够助他们一臂之力的长期合作伙伴。

思路决定出路。破解之道就是本书第2章提出的，企业必须推动销售模式转型，采用为客户创造价值的新模式。不把自己企业的成功作为首要目标，而是把关注点放在如何尽自己的一切努力，帮助客户成功。企业要充分利用自己所能掌握的全部资源，帮助客户完成重点工作、达成业绩目标，真正为客户创造价值。只有真正帮助客户成功，企业才能从激烈的市场竞争中脱颖而出，才能获得应有的利润和回报。

这样的转型，如何实现？

第一步，真正了解客户需求。要想真正帮助客户成功，信息是基础。只有越了解客户，才越可能发现他们面临的关键问题，才越可能满足他们的真正需求，才越可能赢得他们的信任，才越可能成为其长期合作伙伴。为此，要深入分析、深刻理解5大关键问题：客户面临的机遇及挑战、客户的客户及竞争对手、客户决策机制及决策人、客户企业文化及价值观，以及客户的目标及工作重点。具体方法，详见本书第3章。

第二步，改变销售工作方法。要从客户需求入手，从真正为客户创造价值的角度出发，制定客户规划、完成销售提案，继而获取订单，锁定客户。以往的销售模式，往往只关注价格，通过降低售价帮助客户节约采购成本。其实很多客户更为关注的是，你的产品及服务是否能够帮助其提升品牌形象、提高市场份额、实现收入增长、提升利润空间。在本书的第 4 章及第 6 章中，有工具模板的具体介绍。

第三步，培养新型销售队伍。模式的转型，首先是人的转型。这需要销售人员建立新的技能，改变过去的思维方式及行为习惯。要从新型销售必备的素质出发，自上而下地开展培训。在培训设计中，要让销售人员在思想上发生触动，在技能上得到强化。绝不能照本宣科，必须结合实战案例，强调实操练习。查兰的确深谙培训之道，本书第 5 章中具体实用、切中要害的精辟指导，就是最好的明证。

第四步，建立机制推动转型。模式的转型，得靠机制的保障。这需要企业领导人亲力亲为，在日常的经营管理中大力推动；在业绩目标及财务预算上，予以体现；在绩效考核及激励政策上，落在实处。推动转型，绝不是一朝一夕就能完成的。面对这场持久战，需要企业领导人，遇到困难时，不放弃；取得成绩时，不放松。为此，查兰在本书第 7 章中，还专门设计了用于评估转型进展的具体方法。

销售转型没有捷径可走，但凡有，很多企业早就成功了。虽然道路是曲折的，但前景是光明的。最终能够在激烈甚至惨烈的市场竞争中杀出一条血路的，是那些能够为客户创造价值、真正帮助客户成功的企业。这就是本书第 8 章谈到的，成就客户，方可合作双赢。

本书秉承了查兰著作的一贯风格，就是简单明了、具体实用。他能从纷繁复杂、头绪众多的市场乱象中，提炼出事物的本质；还能结合多家企业的实战案例，为大家提出简单具体的解决方案、实用好用的工具方法。

希望这本书，能在这个新的时代，给大家带来很多新的启发。

说完了这本书，再说说查兰这个人。

很多人认识查兰，是因为他的书。2014~2015 年，查兰在中国推出了三本力作：《开启转型》《引领转型》及《求胜于未知》。他被誉为"当代德鲁克"，是全球最具影响力的管理大师之一。

很荣幸有机会与他一起工作，共同服务中国企业。在近距离的接触中，我发现，如何真正帮助客户成功，始终是查兰考虑任何问题的第一出发点。为了客户，他不辞辛劳、不计得失。

有一次，一位企业老总需要紧急跟查兰开个电话会。由于查兰日程已经排满了，唯一的可能就是美国时间早上 6 点。要约这么早的会，客户非常过意不去，但查兰却没有丝毫不快，立刻答应了下来。电话会当天,我们在波士顿。那时正值深秋时节,早上5点多,外面还是寒风凛冽、漆黑一片。当我提前10分钟赶到会议室时,发现查兰已然端坐在那里,做好了一切准备。

还有一次,有家中国企业请查兰给予帮助,就第二年的业绩目标、工作重点、资源配置及执行计划,召开为期两天的高管研讨会。就在研讨会即将举行之际,客户出于费用及时间的考虑,希望把原订的两天压缩为一天。其实这样对查兰的行程安排更好,他可以不必赶早班飞机到北京,不必一下飞机就立即投入工作。但查兰却斩钉截铁地回答"No"(不行)。他对我说,这次研讨会对公司2016年的经营成败至关重要,必须确保整个高管团队有充分的时间深入讨论,两天是非常必要的。如果客户真的在费用方面有压力,哪怕只收一天的钱,也要把这两天的工作做好、做扎实。"我们的工作,就是帮客户成功。钱和时间都不是问题。"

我常常想,是什么支撑着查兰,这位76岁的老人,几十年如一日地奔波在世界各地,从一个客户赶往下一个客户,没有周末、没有假期;一半睡在酒店里、一半睡在飞机上。也许在他心中,他的人生使命就是——真正帮助客户成功。

***

本书的翻译出版是大家通力合作的成果。感谢查兰先生对我的信任，让我有难得的机缘与他一起工作，帮助中国企业成长转型，帮助中国广大读者分享他的真知灼见。感谢机械工业出版社全体同仁的鼎力支持，以最高的质量、最快的速度完成了本书的编辑及出版工作；感谢智学明德领导力中心创始人徐中博士的大力支持；感谢萧峰先生为本书的翻译做了很多前期工作；感谢胡金枫女士，在本书翻译过程中提出了很多宝贵的意见。没有大家，就没有这本书。

由于译者水平有限，书中如有错误之处，敬请各位读者朋友直接批评、大力斧正。

杨懿梅

2015 年 11 月 25 日

目录

What the Customers
Want You to Know

译者序

第1章 现有模式,难以为继 // 1
　　　改造现有销售模式 // 7
　　　推动销售角色转变 // 10
　　　全新模式前景光明 // 13

第2章 存在问题,如何破解 // 17
　　　客户价值有待挖掘 // 23
　　　销售转型从何做起 // 25

第3章 赢得信任,成为伙伴 // 33
　　　价值创造得靠信息 // 37
　　　商业思维必须培养 // 48
　　　客户沟通要全方位 // 53

第4章 创造价值,服务客户 // 55
　　　第一部分 客户概况 // 60
　　　第二部分 价值定位 // 62

第三部分 预期收益 // 66
销售发挥领导作用 // 70
团队制定客户规划 // 76

第5章 销售转型，人才为先 // 81
新型销售必备素质 // 86
自上而下开展培训 // 91
培训设计把握关键 // 93
培训内容关注重点 // 96
培训方式强调练习 // 99
付诸实践持续提升 // 101
宣传推广成功经验 // 103
衡量评估转型进展 // 104
大力招聘新型销售 // 108
外部协同共创价值 // 109

第6章 学以致用，获取订单 // 113
如何准备销售提案 // 116
如何促成深入沟通 // 118
如何挖掘潜在疑虑 // 122
如何敲定最终价格 // 124
如何推动后续跟进 // 124
如何创造新的机会 // 126

第7章 持续推进，锁定客户 // 129
　　　自上而下推动转型 // 132
　　　建立组织支持体系 // 134
　　　增收节支双管齐下 // 136
　　　业绩目标重在增收 // 139
　　　业绩评估推动转型 // 141
　　　薪酬激励与之挂钩 // 144
　　　转型成败如何评判 // 146

第8章 再接再厉，合作双赢 // 151

后记 // 165
附录 销售模式测评工具 // 169
致谢 // 173

第1章
**What the Customers
Want You to Know**

现有模式,难以为继

客户说
如何真正为客户创造价值

电话铃响了，查理·鲍德温等了一周的消息终于要见分晓了。过去三个月，他都在为这单销售奔忙。如果顺利拿下，他就能达成指标，拿到奖金，带太太去欧洲旅游。这事他几年前就向太太许诺过了。

对此，查理信心十足。他已在斯特吉斯公司（Sturgies）工作多年，是位经验丰富的老销售。查理与客户的采购负责人格雷戈·兰特曼认识快10年了，私交甚好。他们俩经常整个下午泡在一起，打打九洞高尔夫，聊聊家常。特别巧的是，两人的孩子还一样大，今年秋天就都要高中毕业了，这让他们感到更加投缘。

上周四他们还一起喝酒，格雷戈向他保证，这个订单非他莫属。

然而，当他接起电话听到格雷戈的声音时，却感到情况不妙。格雷戈深表歉意地解释道："查理，我真的已经尽力了。我一直向公司建议，把这个订单给你，直到四天前，我都认为这是板上钉钉的事儿。可谁知道，财务总监（CFO）和负责营销的执行副总裁（EVP）却插手这事，决定让普罗吉斯公司（Progies）来做。在价格上，的确是你们更具竞争力，但普罗吉斯的销售代表马克·洛根提出的方案，能帮助我们提高收入及现金流。据EVP说，马克还有一些不错的想法，能帮我们打造与众不同的品牌特色。"然后，格雷戈坦诚地说："结果变成这样，我真的非常失望。事实上，我也得好好反思一下，我担心自己会不会因此失去老板们的信任。"

听到这些，查理的脑子一时有些乱。他知道这位马克·洛根，他曾经不止一次看到马克在客户那里与不同的人交谈。马克接触的那些人他都不认识，他只认识格雷戈。他从来没把马克放在眼里。

查理心想："我们的技术更先进，价格更具竞争力，能为客户更好地节约成本。我本来信心十足，没想到被这个马克打了个措手不及。"

对这个结果，查理深感失望，而且生平第一次感到焦虑不安。这时他太太走了进来，在她看来，这个电话似乎让查理一下子老了五岁。

在过去的一年里，这样令人沮丧的电话，查理已经接到过四个。给他打电话的都是像格里戈这样的铁杆客户，不仅相识多年，而且对他信任有加。一时间，一种深深的恐惧向他袭来。多年积累的自信在这一刻崩塌了，查理开始怀疑自己"是不是已经找不到销售的感觉了"。他清楚地知道，自己的业绩指标是完不成了，奖金也肯定泡汤了，向太太承诺多年的欧洲之行也只得再次延期了。也许，他连这份工作都保不住了。

＊　＊　＊

当然，再好的销售人员也不可能百发百中。但是，如果你有好的产品和服务却不能赢得订单，那就得好好想想了。你必须重新思考自己的目标和达成的方式。事实上，现在是时候彻底改造现有的销售模式了。

传统的销售模式在过去100年里都没发生什么大的改变。追本溯源，还得回到50多年前那个供应短缺的年代。那时是典型的卖方市场，为了保证稳定供货，买方不得不提前几周甚至几个月下订单。此外，买方对卖方的信息也知之甚少，几乎没有什么议价能力；卖方的销售人员基本只需等着接单就好了。时至今日，除了极个别的关键零部件及诸如铂金之类的稀有产品还享受这种待遇外，那样的好日子早就一去不复返了。

后来，随着供应商数量的不断增加，销售人员的角色也逐渐发生了改变。他们必须发挥自己的社交能力，深入了解客户需求；凭借自己的产品知识，向客户介绍能满足其需求的产品及服务；与客户的采购负责人建立起长期的合作关系。巩固客户关系的方法主要是请客户打高尔夫、去豪华包厢看戏，或是请客户CEO观看奥运会或是"超级碗"（全美橄榄球总决赛）之类的特别赛事。在产品及服务能满足客户需求的前提下，这种良好的客户关系就能帮助销售人员获取订单。

现在，市场格局则完全不同以往。在很多行业，新的供应商不断涌现，而且随着互联网的普及，几乎全球各地的供货信息都唾手可得。过去买卖双方信息不对称的问题，现在已经完全不存在了。与此同时，买方也面临着巨大的业绩压力，既要服务好自己的客户，又要为自己的股东创造价值。因此，他们会不遗余力地利用供大于求的行业现状以及充分透明的市场信息，要求供应商降价。这导致商品价格被严重压低，对供应商的冲击很大。有的买家甚至通过网上竞价的方式，迫使供应商降价，结果供应商即便获得订单，也几乎无利可图。

在这样的市场格局下，仅靠产品好、关系铁是不够的。有时即便战略卓越、技术独特、新品开发快、运营效率高、客户关系好，销售仍有可能拿不到订单，或争取不到应有的利润空间。总之，供应商的日子很不好过，利润不断被挤压，订单不断被抢走，业务增长受到极大限制。

其实，对于那些积极为客户创造价值的供应商来说，买方巨大的业绩压力是其绝佳的成长机会。客户除了要完成财务指标，也必须在市场上取得佳绩，因此客户不仅需要降低采购成本，还需要确保产品及服务能受到自己客户的青睐。他们希望战胜竞争对手，保持领先地位；希望拓展业务提高盈利，获得稳健的现金流。总之，买方想要在多个维度上取得成功。虽然他们不会明说，但他们想要的不是只做一锤子买卖的供应商，而是真正能够助他们一臂之力的长期合作伙伴。

你的客户需要你了解他们的业务是如何经营的，这样作为供应商的你，才能帮助他们做得更好。传统的销售模式无法满足这个层面的客户需求，这就是问题的关键。沿袭传统的销售模式是无法把握新的市场机会的。尽管企业也在努力激发销售的活力，也在尝试招聘新人、设计新的销售激励政策等方式，但都收效不大。因为真正需要做的是，对现有的销售模式进行彻底改造。

要想顺应当今时代的要求，改造销售模式，本书就是你的指南。你将看到一种非常实用的全新销售模式，而且已在多家企业、多个行业经受了实践的检验。它能把你从惨烈的同质化竞争及价格战中解救出来，让你脱颖而出，帮你实现更好的价格、更高的利润、更快的增长，以及获得更深入的长期客户关系。

改造现有销售模式

这种新型销售模式的核心就是，聚焦客户成功。这种思路与现有销售模式截然相反，销售不应把自己企业的成功作为首要目标，而应把在多大程度上帮助客户成功，作为开展业务的出发点。不要只关注于销售某个具体产品及服务，而应该把关注点放在如何尽自己的一切努力帮助客户取得成功。你要充分利用你能掌握的全部资源，帮助客户完成重点工作、达成业绩目标，这样才是真正为客户创造价值。

真正为客户创造价值，才能使你从激烈的市场竞争中脱颖而出，才能让你获得应有的回报。一分耕耘一分收获，客户会根据你为他们创造的实际价值，向你支付公平的价格。我把这套全新的方法称为客户创造价值（VCS⊖）的销售模式。

这种全新的销售模式与大多数企业现有的销售模式完全不同，其主要区别如下。

第一，大力投入，深入了解客户。销售人员及整个企业都要投入大量的时间和精力，尽可能深入了解客户业务。即便这样的工作现在也在做，但力度是远远不够的。你是否清楚地知

⊖ VCS是value creation selling的缩写。——译者注

道，客户的发展目标是什么？最关心的财务指标有哪些？他们如何创造市场价值，以及与竞争对手相比，他们的差异性主要体现在哪些关键要素上？只有深入理解了客户的业务，你才能制定出短期、中期及长期规划，才能真正帮助到你的客户。中期和长期规划中蕴含的机会最多，因为你可以与客户并肩作战，通过自己的努力，帮助客户颠覆整个行业的游戏规则。

第二，协调资源，帮助客户提高。你要运用过去从未用过的能力及工具，深入了解客户的经营模式，找到能够帮助客户改善提升的方法。销售工作将不再只是销售部门的单打独斗，你需要充分调动公司内很多其他部门的帮助和支持，让来自不同部门的同事，包括法务、财务、研发、营销和生产等部门的同事，熟悉客户的方方面面。为此，你应当系统地整理大量有关客户的信息（其中既包括客观事实，也包括主观印象），并将这些信息在数据库中分享，以此为基础来设计制订帮助客户获得成功的最佳方案。

这意味着，你必须在组织内部以及与客户之间，建立新的社交网络，确保信息的双向沟通，形式不限，正式与非正式的都可以。重要的是，确保跨部门、跨组织的频繁、顺畅沟通。例如，公司产品设计人员就需要深入客户门店，与客户直接交流，这样才能设计出真正符合客户需求的产品规格及服务细节。

第三，追本溯源，研究客户的客户。不仅要深入了解你的直接客户，还要了解客户的客户。只能满足你的客户的需求还不够，还必须掌握到底是什么在吸引着客户的客户。要想为客户量身定制市场解决方案，你必须知道他们的客户是谁、想要什么、有什么问题、抱着什么态度、怎样进行决策。要想为你的客户设计独具匠心的产品及服务，你就必须追本溯源，从最终消费者的需求出发，倒推出你的客户的需求。图1-1是客户价值链及销售理念。

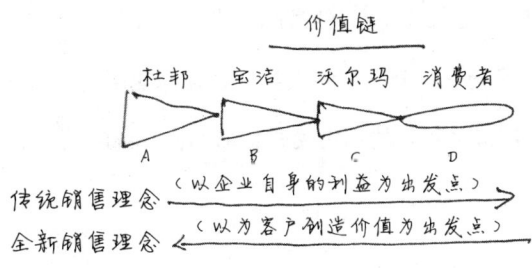

图1-1 客户价值链及销售理念比较

第四，耐心坚持，建立信任与口碑。你必须认识到，应用新的销售模式，需要更长的周期才能拿到订单及产生效益，这需要耐心，持之以恒。你要坚定不移地与客户创建高度互信，这样才能促成双向沟通的深入开展。树立信任与口碑的确需要时间，然而一旦树立起来并开始发挥作用时，销售周期就会变得非常短。

第五，调整激励，有效落实新模式。新模式的落实，需要组织行为的改变，为此公司高层应当调整激励机制，引导员工予以配合。在新的销售模式下，如果达成季度销售指标，受到奖励的不应只是销售人员，来自其他职能部门的相关人员也应按其贡献大小，获得相应的激励。当然，如果在培训及支持都已到位的情况下，个别销售人员或其他职能部门主管还不能全心投入，积极采用新的销售模式，那你就该考虑换人了。

推动销售角色转变

采用为客户创造价值的销售模式，意味着要推动销售人员的角色转变。他们不能再单打独斗，必须团队作战。他们要担当团队领导的角色，负责组织协调公司财务、法务及生产等部门相关的专家参与其中。与此同时，其他职能部门也应与销售部门精诚合作，将自己部门的工作重点与销售部门的需求协调统一起来（见图1-2）。

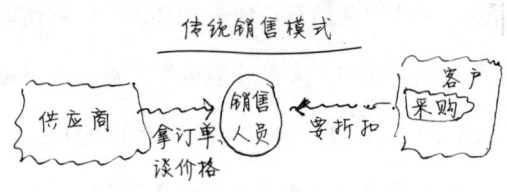

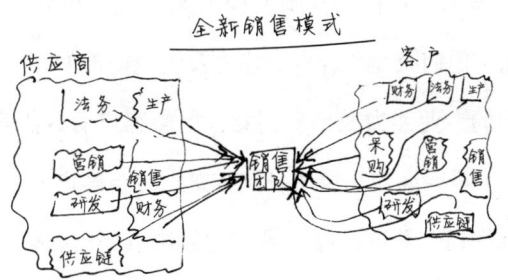

图1-2　销售人员的角色转变

对于这一新的角色，销售人员会不太适应，而且刚开始的时候，很多人会对自己的领导能力没有把握。但其实大多数销售人员的人际交往能力都很强，不仅善于协调各部门工作，并且乐于这么做（见图1-2）。

为了赢得其他职能部门的尊重和支持，销售人员必须掌握新的知识和分析工具。他们需要有能力分析、了解客户业务，比如对客户所在的细分市场及行业趋势的研究。其中最为关键的是，深入分析客户的盈利模式及其未来的可持续性。为了获得相关信息，销售团队的每位成员都必须经常拜访客户，建立各自的人脉关系。这样，大家才能集思广益，形成对未来趋势的准确判断，激发出能帮助客户实现突破的绝佳创意。

对于销售人员来说，最艰巨的任务莫过于诊断客户业务，找出客户需求，并在此基础上提出如何为客户创造价值的建议。为此，他们必须整合自身能力及组织内部的相关资源，激发同事们的专业能力及丰富创意，聚焦客户的具体业务需要，提出多个能满足客户需要的备选方案，并与客户公司相关人员一起进行探讨、测试，寻求最佳的解决方案。在整个过程中，销售人员都要发挥领导作用。最后，他必须准备方案建议，提出明确的价值定位，向客户方的关键决策人展示，该方案能为客户带来的预期收益。

在为客户创造价值的销售模式下，拿到订单不是终点。之后，双方还必须持续沟通，这是建立相互信任、创造更多商机的关键，尤其是那些时间跨度大的长期合作机会。销售人员不仅要确保方案实施能产生预期效果，还要继续与客户沟通探讨，进行头脑风暴，寻找具有前瞻性、颠覆性的创意火花。

随着销售人员的角色转变，你会发现在新的销售模式下，他们能快速提升分析、决策、领导及把握业务全局的能力，能成为未来总经理的有力后备人选。这对销售人员自己，意味着新的职业发展路径；对企业，意味着收获了一大批前所未有的综合性管理人才。销售人员越成功，就越能轻松进入企业高层（特别是担任事业部或业务部门的一把手），甚至最终做到CEO。

全新模式前景光明

为客户创造价值的全新销售模式，能有效提升企业的销售能力，让整个组织意识到销售转型的迫切性和必要性。这种新的销售模式能为企业创造显著效益，如能在业界率先采用，将帮助企业获得巨大的竞争优势。本书将为你提供指南，向你介绍必要的理念、方法和工具，教你如何培养和支持相关人员，推进必要的组织变革。这不仅与销售人员直接相关，而且与所有参与为客户创造价值的人员都相关，对所有服务企业客户的公司都适用。这些企业必须摒弃过去一味"拼价格"的传统模式,转而采用为客户创造价值的新模式。

销售转型没有捷径可走,但凡有,很多企业早就成功了。要想确保新模式的落地,企业领导人必须有远见、有耐心、有坚持到底的决心,不急功近利,而看重长远的持续成功。最终能够在激烈甚至惨烈的市场竞争中杀出一条血路的是,那些能够为客户创造价值的企业,因为只有为客户创造价值,战略、创新及人才等要素才有意义,才能带来更高的回报。

下面,我将为你介绍新的销售模式在不同行业的应用实例。例如,软件行业,通常软件销售的主攻对象是CIO(首席信息官),主要卖点是为客户降低成本。假如能另辟蹊径,证明其软件能帮助银行更好地维护客户,为客户提供定制化的金融服务,结果会怎样?为客户创造价值不能只停留在降低成本上,还要能帮客户增加收入。

再如,电信行业,诸如沃达丰(Vodafone)、威瑞森(Verizon)及辛格勒(Singular)等运营商巨头,都在激烈争夺大型跨国企业,如IBM、美国运通、通用电气和西门子等客户,各家的销售工作多半都是围绕价格展开的。如果某家运营商能提出与众不同的解决方案,通过其通信网络帮助客户增加收入、提升现金流,就很有可能在竞争中占据有利地位,为自己赢得溢价空间,而不是靠在价格上一降再降,拼得一席之地。向客户要价的底气何来?就是因为能为客户创造价值。

再如,制药行业,许多制药企业是通过第三方完成产品销售的,比如联合健康保险(United Healthcare)、维朋(WellPoint)和安泰(Aetna)等公司。和许多 B2B 业务一样,买卖双方的谈判焦点在于价格。现在,消费者及政府监管部门都在不断对这些公司施压,要求控制用药成本。如果制药公司的销售人员能够帮助他们的渠道,更好地了解最终客户,就能为其创造价值。

在消费品领域,既有像宝洁、高露洁和联合利华这样的大型生产商,也有像沃尔玛、塔吉特(Target)和沃尔格林(Walgreens)这样的大型零售商。过去,生产商与零售商常为价格争执不休,但如今,他们越来越多地彼此合作,寻求提高销售额、现金流及平效⊖的有效办法。零售商总是习惯性地向供应商压价,常常连最后一点空间也不放过,沃尔玛尤其如此。但我却见过一家公司,虽然是沃尔玛和塔吉特的供应商,在过去 20 年间,其毛利率竟然从 40% 提升到了 60%。为什么连最分毫必争的零售商也不得不接受这个现实呢?就是因为该

⊖ 平效指的是单位面积产生的销售额,是评估卖场实力的一个重要标准。具体计算公式为:平效=销售额÷店铺面积。——译者注

公司能够帮助它们提高收入及存货周转。这就是为客户创造价值的销售模式。

在日本，泰科电子（Tyco）是丰田汽车的设备供应商。双方的合作关系远远超越了一般的买方卖方，泰科电子会安排员工在丰田工厂上班，这样不仅能确保其设备的正常运行，还能帮助丰田找到新的改进方案。在过去三年里，泰科电子给丰田提出的建议多达25项，有效提高了丰田产品的吸引力、可靠性及运营效率。

市场机会其实很多，但要抓住机会，就必须彻底改变现有的销售模式。

第2章
What the Customers Want You to Know

存在问题,如何破解

还记得查理吗？当他得知自己的囊中之物被竞争对手马克抢走时，是多么的沮丧。不幸的是，他的麻烦还没完。他还得打电话给公司负责销售的EVP苏珊·吉普，向她汇报自己丢了订单。同样，苏珊也得向公司CEO杰克·加勒特汇报这一噩耗。

第二天一早，公司高管班子开会，进行了认真的反思。大家都认为，其实查理的情况不是个案，销售队伍的整体表现的确明显不如竞争对手。虽然公司技术先进、服务一流，但却没能拿下应得的订单、争取到应有的价格，而且公司上下没人知道真正的症结所在。

对于杰克，这个会也是极其令人沮丧的。他和他的管理团队知道，就连华尔街都认同，公司技术领先、战略卓越、成本有优势。然而，这些优势都没有转化为胜势，无法真正吸引客户，难以获取订单以及更为重要的溢价空间。

会后在回办公室的路上，杰克还在反思：公司明明技术更好、运营更优、战略也靠谱；给销售人员的业绩压力也很大，仅是激励政策就改过两次；自己对销售主管也充满信心。那么问题到底在哪儿呢？也许是时候该对销售流程进行彻底的重新评估了。他突然意识到，最近几年公司在很多业务领域进行了优化与调整，但销售工作却一直在原地踏步。看来，自己必须改变思路了。

* * *

我们必须面对现实：现有销售模式已经难以为继。当今时代，可供客户选择的供应商的确很多，而且客户自己也面临着巨大的业绩压力。然而，就是在这样的现实面前，很少有企业主动改变他们的销售模式。不变就没有出路，企业高层一味墨守成规，经营业绩就无法实现预期的增长。

如果以下列举的问题在你的企业也存在，那就说明你的销售模式已经过时了。

第一，销售只与采购互动。这种情况由来已久，但其实是谬以千里。因为采购部门只是客户决策的执行单位，真正做决策的是营销、产品设计、工程制造等职能部门，如果只与采购互动，恰恰说明你没有接触到客户公司中真正重要的人。

第二，沟通基本围绕价格。销售人员的确能把产品功能、公司品牌及业界声誉讲得头头是道，但这些只是讨价还价的铺垫而已，价格谈判的结果通常都是差强人意。客户不断要求批量折扣、免费运货、广告支持、工装成本和技术支持等，让你承担所有额外的费用，目的就是不断地压价，这种现象实在是太常见了。如果答应了客户提出的诸多条件，你就会发现，实际售价已被大幅压低，利润空间几乎损失殆尽（见图2-1）。

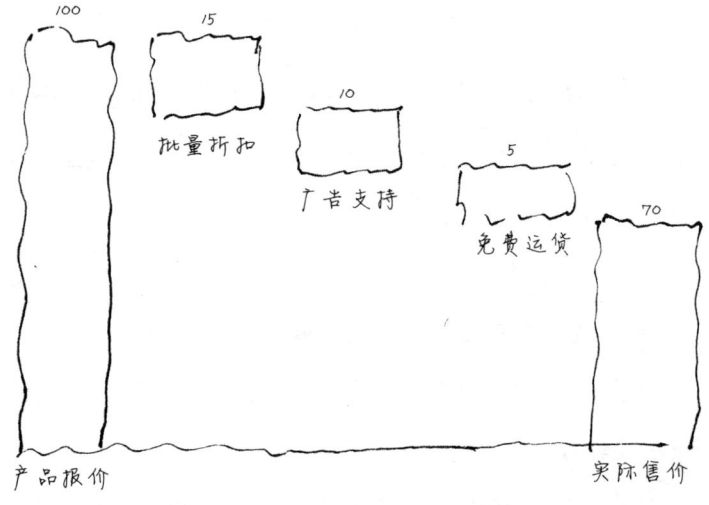

图2-1　产品报价与实际售价比较

第三，培训主要聚焦讲价。例如，面对拒绝，如何不屈不挠；面对杀价，如何坚持不懈等。总之，目的是培养销售人员在不牺牲价格的前提下获取订单的能力。销售培训大多会采用角色扮演、观摩最佳销售实践等方式，借助课堂练习，帮助学员提升销售能力。我承认，这样的培训至少在一段时间内能让销售人员士气高涨，但由于无法解决实质问题，通常收效一般，作用持续时间也非常有限。

第四，激励政策不断调整。有时为了激发销售人员的动力，推动销售人员争取更好的价格及更高的利润，公司高层会不断调整销售团队的激励政策。例如，销售人员的激励一般采取季度考核，个人薪酬与销售收入及订单数量直接挂钩。这样的激励政策的确能给销售施加更大的压力，因为他们不得不好好琢磨，如何在不降价的条件下赢得订单。但总的来说，这无法激励他们为客户创造价值。你能真正影响的，只是销售人员的谈判技巧；你在不断施压的，只是已经压力过大的销售团队。这样做貌似能使销售人员多做一些事，但多做的往往是错误的事。

第五，目的不明浪费时间。有时销售人员精力太过分散，于是企业将之重新集中起来，要求销售人员把关注点放在客户身上，在客户那里多花时间。道理上是没错的，但目的究竟是什么呢？由于没有解决实质问题，多花的时间并没有产生真正的效益。当然，有时这是必要的举措，但仅这么做还是远远不够的。

第六，销售没有参与设计。公司上下，最了解客户需求的人恐怕就是销售人员了。哪怕销售缺乏全局思路，也不知道产品设计背后的其他意图，但如果不让他们参与产品及服务的设计,你就错失了了解客户需求的宝贵机会,而且还会影响将来销售人员向客户介绍公司产品时的有效性。这无疑是个"双输"的结果。

第七,无暇顾及**客户的客户**。你的客户正在绞尽脑汁,希望让他们的客户满意,对此,想必你是心知肚明。但你采取了什么具体行动,确保自己能有效帮客户让他们的客户满意呢?销售是一种连锁反应,只有对最终用户的满意有所贡献的企业,才会获得长期的收益。

第八,销售忙于内部工作。这个问题非常普遍。也许你不认为自己的公司存在这个问题,但只要问问销售,每天花多少时间来做行政与案头工作,你就会对此有所了解。时间都是有限的,销售忙于应付内部要求,就没有时间与客户见面。

第九,销售管理貌似良好。销售管理团队对你言听计从,但他们无暇思考,你的盲点他们也看不见,这本身就是问题。整个销售队伍思维狭窄,大家整天忙着追订单、促增长、售前拜访、售后跟进,一切似乎井井有条,大家也都兢兢业业。然而,从一线销售人员到销售高管都缺乏必要的商业思维及相关技能,无法分析了解客户的盈利模式、财务状况和业务重点,从而更无法判断作为供应商,能为客户创造什么价值。

客户价值有待挖掘

要想破解现有的销售模式,你必须确切地知道,客户最在乎的价值是什么。客户为什么选择了你而不是你的竞争对手?为什么会一如既往地信任你,并与你建立长期的合作关系?

卢·埃克尔斯顿(Lou Eccleston)曾经担任汤姆森金融公司全球销售、市场及服务总裁,现在是 Pivot 公司的 CEO。他说:"赢得订单本身不是目标,只是与客户有效沟通的自然结果。这表明你了解客户,并能以客户的成功来衡量自己的成功。你的成功取决于是否清楚地知道,自己能为客户做点什么,才能真正为其创造价值。如果你不能给客户的业绩带来积极的影响,那么你销售的就仅仅是一个大路货,就只能接受大路货的价格。"

还记得查理吗?他靠的是人际关系、公司品牌,以及技术更好但价格更低的产品。在他看来最后一点最重要,因为其核心卖点就是能帮客户降低成本。他计算了客户的采购成本和预计的成本节约,并由此得出了客户的投资回报率。

但客户最在乎的却是:加速收入增长、提高现金流,推动企业持续成长。查理忽略的,其竞争对手普罗吉斯公司则敏锐捕捉到了。他们提出通过持续降低库存的方式,帮助客户提高现金流,并向客户细致阐述了该方案具体如何能助其实现关键业绩目标。相比而言,普罗吉斯提出的方案,显然更符合客户的业务需求。这一差别貌似微不足道,但其实是为客户创造价值的核心所在。

绝大多数销售人员能想到的就是降低成本,这也是他们说服客户采购人员的重点。但如果止步于此,你就忽视了很多价值的存在。

每家公司都有很多考核指标,衡量企业是否在为股东创造价值(详见第5章),即使没有受过财务训练的人也能看得明白。要想助客户一臂之力,你应该思考怎样才能帮他们在这些维度上有所提高。例如,某软件公司正在向一家连锁药店推销其软件产品,该产品售价为60万美元,每年帮助药店节省30万美元的人工成本,因此投资回报率为50%,即用每年节约出来的30万美元除以用于软件采购的60万美元。大多数供应商就是这样评估投资收益的,这也是他们的主要卖点。

该公司的竞争对手也来竞标。他们的产品售价也是60万美元,每年只能为客户降低25万美元运营成本。但他们的解决方案还包括"逾期应收款提示",能帮助药店及时采取行动追回这些应收款,仅这一项就能带来额外的32.5万美元现金流。此外,其方案还能根据此前处方的开药量,每天列出需要续药的顾客名单,提示药房主动与顾客联系,这一项每年能帮助药房增收40万美元,预计能带来20万美元净利润。此外,该软件经销商还会给药店经理提供培训。因此,如果采用竞争对手的产品,客户的利润收入如下:

- 客户的利润每年增加45万美元(运营成本降低的25万美元加上40万美元增收带来的20万美元利润),因此投资回报率是45万美元除以60万美元,即75%。
- 另外,由于改善了应收账款管理,客户第一年的现金流还增加了32.5万美元。

绝大部分公司不会仅仅关注控制成本,而忽视收入增长。正是由于第二家软件公司能够不局限于降低成本,还能很好地满足客户在成本之外的业务需求,因此相较第一家公司,其产品及服务对客户而言更具吸引力、更有优势。

销售转型从何做起

现在你大概已经意识到,新的销售模式需要新的思维方式、工作技能和工作方法。你肯定想知道，自己的企业能否做出这样的改变。根据我的观察及许多公司的实践，简单来说，答案是肯定的。凡是真正投入时间和精力，推动销售模式转型的企业都能证明，这种方法是有效的。下面的案例，也许可以说服你。

几年前，我曾为Unifi公司提供过咨询服务，这是一家纺织品公司，位于北卡罗来纳州的格林斯博罗市。由于受到中国和印度产品的强烈冲击，当时公司陷入了窘境。该公司以石油为原料生产纺织品已有35年历史了，但是6年前突然出现了一批成本更加低廉的竞争对手。这不仅使Unifi遭遇重创，就连以Unifi产品为原料生产裤子和衬衫之类成品的客户也快要倒闭了。一时间，整个行业都陷入了惨烈的价格战。位于美国的纺织品公司似乎是不可能长期与中国和印度厂商拼价格的。

Unifi公司董事长兼CEO布莱恩R.帕克回忆道："当时的确是深陷困境，我们都开始想是不是已经回天无力了。那段时间真是煎熬，备感前途渺茫，似乎生活即将毁于一旦。"

帕克为拯救公司做了最后的努力。他把当时的困境归纳为两个简单的问题："我们对客户的了解到底有多深？""我们从客户那里是否获得了我们应得的价格？"

在思考这些问题的同时,他也开始对销售工作进行反思。他意识到 Unifi 的命运与客户的命运是紧密相连的,那么自己在帮助陷入困境的客户方面,是否尽了全力呢?也许应当更加深入地参与到客户的业务之中,因为拯救他们就是拯救自己。最终,他的结论是必须推动销售模式转型,为此整个公司都要进行彻底重组。首先必须确保公司聚焦的客户群是正确的,然后再细致分析,思考如何帮助这些客户获得成功。因此,第一步要**全面收集客户信息**。

帕克任命公司 CIO(首席信息官)本·霍尔德负责客户信息收集整理并建立网络分享平台,该行动被命名为利润增长项目(PGI)。为什么由 CIO 来牵头负责如此重要的营销及销售项目呢?这其实从一个侧面显示了 Unifi 改造自我的决心。帕克深知霍尔德是堪当此任的最佳人选。

帕克和霍尔德都认为,客户信息的最佳来源应当是销售部门。于是,周一到周五每天早上,他们都会抽出两个小时与销售人员见面,了解他们对自身、对客户以及对客户的客户的业务知道多少。项目启动之初,他们要求销售人员各自选几家重点客户,完成客户详细信息的收集及整理,其中包括客户的财务状况、竞争实力以及产品需求等。这项工作完成后,每位销售都要向所有同事介绍其负责客户的具体情况，并回答同事及主管提出的相关问题。

"我们会提出各种各样的问题，比如'谁是客户公司的决策者？'我们不是要让他们难堪，而是要让他们明白，我们需要得到这些答案。有人认为自己拿不到客户公司的财务信息，那么我们会鼓励他们直接去问。这种方法有时能起作用，有时不能。做这些基础工作，需要时间。有时一份详细客户资料的编订，前前后后需要花费长达10周的时间。"

这项工作让销售人员感到紧张不安，尤其是刚开始的时候。帕克解释说："对销售来说，这事很闹心。过去35年来，他们一直做得很好，依据公司的要求，按部就班、勤勤恳恳。但现在我们说，游戏规则变了，这令他们很担忧。于是，我们告诉他们：'看，之前我们也不知所措，跟你们的感觉一样糟糕。让我们共同努力，共渡难关。'"

第二步要争取销售增长10%。"我们并没有急功近利，要求销售业务翻番，只是想希望新的销售模式能取得成功。不必每次都得来个本垒打，能攻上一垒或二垒也很好。只要销售人员认识到这种方法能够成功，我们就能够赢得支持。我们要做的是最初的推动，一旦运作起来，效果就会开始显现。"

第三步要**制定周密的客户规划**，包括业务目标和实现计划。销售需要列出具体举措，如需他人支持，销售人员说明具体是谁以及时间期限。如果不能达成目标，则须说明原因。

帕克对我说，分析结果令他大吃一惊："真没想到，我们之前给销售工作造成了那么多困难。例如，信贷审批十分缓慢，甚至连样品都无法给客户。诸如此类的瓶颈和障碍，数量惊人。大家每天都在忙，工作都很努力，问题在于，我们有没有忙到点儿上？我们在做的事，究竟是不是在帮助销售人员拿到订单？"

"我们把各职能部门的主管召集到了在一起，告诉他们这些部门对业务推进造成了很多障碍，出现这种情况，大家都有责任。随着时间的推移，这些问题无一例外也得到了解决。职能部门在配合销售工作方面，变得更加积极主动。有了全公司的通力支持，销售人员则更加信心十足。"

第四步要**培养销售具备 CEO 思维**，即负责制订业务计划，进行数据分析，争取各方支持，实现业绩目标。这是最为根本的，也是最具挑战性的。

霍尔德说："我们要求他们分析市场格局、客户状况及竞争态势，然后据此制订业务计划，确保公司盈利。计划必须基于严谨的分析，拍脑袋可不行。如果他们提出的方案切实可行，我们就会予以大力支持。"

并非每位销售都愿意改变，有人选择了离开，有人选择了转岗。帕克说："选择离开，其实是消极抵抗。新的模式，他们不愿接受；我们的做法又公开透明，令他们无法逃避。想找借口，总是很多的，离开也是一种方式。"

改变需要时间，霍尔德坦言，实际的时间要长于预期。他说："刚开始时，我们太急了。后来，我们经常提醒自己，要放慢速度，要有耐心。从改变到见效，推动新的销售模式落地，需要极大的耐心。短期内不会有太大的进展，但假以时日，就能看到实质性的进步。"

如今，销售转型收效显著，甚至超出了帕克和霍尔德的想象。帕克自豪地说："现在公司有了秘密武器。销售队伍完成了重组，销售在公司的地位得到了提升。大家对客户的关注度非常高。客户信息不仅方便随时查阅，而且还在不断更新，使得公司里的每个人都能及时跟进客户的发展动态。我们销售队伍的商业素养大幅提高，既懂业务又懂财务，逐渐具备了 CEO 的潜质，竞争优势显著，无论面对什么层级的客户，都能应对自如。最为关键的是理念的改变，他们总在想怎样才能帮助客户成功。"

"现在，随着我们的客户逐渐恢复生机，我们自己的命运也发生了逆转。更深刻地了解市场状况、发展动态、客户业务，以及客户的客户的业务，是有可能帮助企业赢得更好的价格的，这就是我的领悟。"

通过深刻理解客户业务，帮助客户建立竞争优势，Unifi公司成功改变了自己的命运，不必再与低成本供应商打价格战。在商业思维方面，销售人员取得了长足的进步，能自如地诊断公司及客户的业务；在团队协作方面，销售部门会分享客户信息，其他职能部门也在积极支持销售工作。在推动销售模式转型方面，帕克和霍尔德稳扎稳打、循序渐进，发现障碍就逐个解决。此外，他们还引导销售人员深入挖掘客户信息，帮助他们全面理解客户业务。现在公司销售队伍已经形成了这样的思维方式。

帕克和霍尔德还认识到，仅靠销售部门单打独斗是肯定不够的，要为客户创造价值还需其他各个职能部门的通力合作。为此，他们与各部门各级领导当面沟通，共同解决业务推进过程中遇到的各种障碍。他们非常清楚，销售必须靠团队作战，每个人都是其中的一分子，这意味着上至高管下至普通员工，大家都得做出改变。此外，就是必须下定决心，一旦开始，就得坚持到底，绝不能半途而废。

只要愿意改变，为客户创造价值的销售模式就不难实现。

第3章
What the Customers
Want You to Know

赢得信任，成为伙伴

在那个令人沮丧的会后，斯特吉斯公司 CEO 杰克·加勒特与新任主管菲利普·海沃德晚上一起喝酒。当时菲利普刚来，对公司及行业还不太了解。因此，他准备了很多问题向杰克请教，其中之一就是公司销售收入为何没有起色。

杰克坦诚地说："说实话，我也搞不懂为什么。因为我们不仅战略对路、技术领先，而且价格也比对手便宜不少。"

杰克继续说："如果现在的颓势持续下去，这将是我们连续第三年市场份额下滑。"

菲利普问："那竞争对手的市场份额为什么能持续扩大？他们的做法跟我们有什么不同？除了压低价格，我们正在采取哪些措施？"

这几个简单的问题令杰克豁然开朗。他告诉菲利普："看看我们的供应商，他们无一例外都在拼价格。见到我们，说的全是能帮我们省多少钱。但我们面临的最大挑战却是如何扭转市场份额下滑的颓势，实现收入的增长。省钱不是重点，增长才是我们最在乎的。但目前还没有一家大的供应商表示，能在这个方面帮助我们。"杰克停顿片刻，然后接着饶有兴致地说："我们真正需要的是能为客户创造价值的供应商，我们自己也应该成为这样的供应商。我们既有技术也有人才，但我们给客户的并不是他们最想要的。"

"如果这真的是症结所在,那我们就该好好了解客户,分析研究他们的业绩目标、业务重点以及竞争挑战。要想做好,我们必须赢得客户信任,形成双向沟通。仅靠销售人员是不够的,还得靠全公司的大力支持。这意味着,公司的运营方式也得跟着调整。也许这才是我们一直在苦苦寻找的脱困之道。"

菲利普没想到,自己提的简单问题竟然引发了杰克一连串的新想法。这些听上去不错,但杰克当真要彻底改变公司的销售模式吗?这会不会只是酒后兴起,说说而已?看来还得"拭目以待"。

开车回家的路上,杰克满脑子都在想要做哪些改变,比如角色定位、岗位职责、激励机制、协作关系等。虽然任务艰巨,但他无所畏惧,因为他坚信,这才是企业的重振之道。

在杰克构想的新销售模式下,销售人员需要带领大家收集客户信息,还要主动寻求其他部门支持,集思广益、共同探讨,如何为客户创造价值。

要想落实构想,杰克必须赢得高管团队的认同与支持。为此,他特意召集了一次为期两天的高管研讨会,地点定在公司之外。因为原来在办公室开会,各种干扰是难免的,高管们不是悄悄查邮件,就是偷偷溜出去打电话。这次杰克必须抓紧机会,充分阐述他的想法,努力争取大家的支持。

这次研讨会非常成功。最后,大家达成了一致——要成为最值得客户信赖的合作伙伴,并一起制订了具体的行动计划。杰克表示,他会亲自抓落实。就这样,斯特吉斯公司开始了自己的销售模式转型。

* * *

为客户创造价值的销售模式,基于以客户为中心的战略理念,要求公司的运营围绕客户展开。但令人遗憾的是,并非所有企业都有这样的意识。在汤姆森金融公司推动销售模式转型之前,卢·埃克尔斯顿曾做过一个调查。他说:"当时,我在办公室进行了随机调查,问大家在过去一年里,自己最大的成就是什么。大家的答案五花八门,有人说是'把12个产品整合为一',有人说是'推出了四种新品',还有人说'实现了业绩指标',但无一提及'客户'。现在就不一样了,大家不仅把客户挂在嘴上,还能落实在行动上。虽然客户意识还有待进一步提高,但大家已经取得了显著的进步。"

价值创造得靠信息

要想真正为客户创造价值,信息是基础。这个道理很简单:对客户越了解,才越能发现他们面临的关键问题,才越能开发出真正满足客户需要的产品及服务。

因此,你必须拓宽视野,关注客户的行业环境、市场定位及竞争态势,思考客户面对的机遇与挑战。

作为销售,你很可能觉得自己对客户已经很了解了,然而只要深入分析你就会发现,自己要学的还很多,比如客户的组织架构。这还不容易吗,不就是一个框图,里面画着CEO、COO(总裁兼首席运营官)、CFO(财务总监)、CIO(首席信息官)、负责销售及营销的副总裁、负责生产制造的副总裁等公司高层吗?如果了解再多些,你还能画出某些高管的直接下属。当然,你肯定认识具体负责采购工作的人,而且也知道他的顶头上司是谁。但如果问题变成客户采购的决策机制是怎样的,你的回答还会那么肯定吗?

尽管你也许认为做决策的是采购部门,但事实很可能并非如此。也许客户财政困难,买不买、买多少、花多少钱买等采购事宜都得由CFO最终拍板;也许客户正在争取一个新客户,你竞争对手的产品虽然价格高点儿,但与客户产品结合在一起,能对客户的客户更具吸引力。因此,虽然采购部门推荐了你,但负责销售及营销的副总裁却将之否决,转而选择了你的竞争对手。由此可见,在收集信息方面,关键不是数量,而是质量。了解组织架构,只是量的积累;懂得决策机制,才是质的飞跃。了解客户的关键就在于此。这样你才能真正理解客户面对的机遇与挑战,才能找准自己的价值定位。

那么,如何才能获得关于客户的高质量信息呢?这就得看你与客户的关系如何了。换位思考,你就会明白其中深意。假定你是客户,有家保险公司的客户经理来拜访你,你们此前并不认识,你对那家公司也不太熟悉。如果会面时他直接问你,你公司员工的平均年龄、过去五年的索赔情况,以及是否因违反安全条例被联邦职业安全与健康管理局(OSHA)指控或处罚过等,你会作何反应?

你肯定心想:凭什么告诉他啊?这关他什么事?没错。尽管你知道他需要这些信息来计算保费,但你对他缺乏了解,自然谈不上信任,因此你会心存戒备,不会把那些敏感信息告诉他。

几天后,你现在用的保险公司的客户经理顺道来拜访你,情况就完全不同了。

他会问:"最近怎么样啊?"

你会答:"嗯,有些员工向福利部门抱怨,说你们赔付的门诊手术费太低了。说是只赔了手术费和麻醉费,但设备使用费几乎没怎么赔。"

他会回应说:"这事交给我吧。先让福利部门把这些员工的病例发给我,我会跟负责门诊手术赔付的部门一起,共同解决这个问题。"

对于那些长期合作的供应商,你既熟悉又信赖,因此愿意与之分享大量信息,以便让他帮你解决问题,这就是你希望建立的客户关系。想达到这种境界,就必须赢得客户信任。

建立信任需要时间,这个道理再简单不过了。但愿现在,你与客户采购部门已经相处得不错,并且通过按时按规格交货,以及勤勉的售后服务,建立了良好的口碑。如果这一基础工作还没有做好,那么在考虑销售模式转型前,你就得采取一些补救措施。当然,并不是所有人都愿意与你分享信息的。万一碰到那种铁板一块,怎么也不愿沟通的客户,你也只能接受现实,把突破重点放在态度相对比较开放的客户身上。

只要与客户建立了信任,在客户那里树立了口碑,你就可以开始收集更多的信息了。能收集的信息内容很多、渠道也很多，该从何入手呢？最好是从客户想让你知道的信息开始。你要知道，只有客户信任你，才会想让你知道。

你对客户了解越深，越能满足客户需求，他们才会越来越信任你。日积月累，不同公司间的阻隔会逐渐消融，你将成为他们的合作伙伴。当他们遇到困难时会找你帮忙，帮他们取得成功，你自然也就成功了。

要想赢得客户信任，成为合作伙伴，你必须深入分析、深刻理解以下信息：

- 客户面临的机遇及挑战；
- 客户的客户及竞争对手；
- 客户决策机制及决策人；
- 客户企业文化及价值观；
- 客户的目标及工作重点。

下面，让我们逐一分析，这些信息对你及你的客户而言意味着什么。

客户面临的机遇及挑战

了解客户所处的市场环境及其面临的机遇和挑战是个很好

的起点,可以帮你确定哪些产品或服务能够提高客户的竞争力。例如,客户的战略定位是什么?是像英特尔那样,试图通过独家工艺,追求技术领先;还是像戴尔那样,力争通过高效物流及定制模式,占据成本优势?再如塔吉特和沃尔玛,虽然两者很像,都是靠比大型百货商店更低的价格来吸引客户,但其实彼此也有差异。塔吉特主要面向收入较高的消费人群,希望给顾客创造愉快的购物体验,因此其商品往往更时尚、更美观、更追求给客户创造独特的价值。塔吉特甚至还会专门聘请设计师、生产商为其提供独家产品。但沃尔玛则侧重于低成本的供应商,力争为顾客提供更为廉价的商品。

还有一些公司会专注于开辟新的市场空间。它们会借助独特的产品、功能或定价,吸引不同类型的消费者,在成熟市场中开拓一片新天地。为此,它们会把精力放在研究消费者行为上,构想不同的产品,并分析各自的可行性。最为重要的是,它们对供应商的要求与众不同。它们希望供应商能够富有创见,能帮助它们先发制人,占据新的市场机会。例如,丰田的雷克萨斯,就在奔驰和凯迪拉克之间成功开辟出了一个新的细分市场,并以此实现了快速的增长。可以想见,如果供应商能在这个过程中,通过为客户创造价值的销售模式,有效帮助丰田提高收入及利润，它们自身也将获益匪浅。除了雷克萨斯，丰田在混合动力车方面也打下了一片江山，占据了市场的主导地位。这也为其供应商提供了更多的创新机会，与丰田携手共创美好未来。

不管你对客户有多熟悉，只要不了解其面临的挑战及竞争压力，你的认识就不够全面。许多行业都会出现两强对抗的竞争格局，但似乎两者之间成败早有定论，颇有点既生瑜何生亮的意味。为什么一方总能占据优势呢？就是因为它们创造了极具吸引力的产品。苹果就是这样的典型代表。如果你的客户也属于此类，那你就要思考，如何才能提出更多更新的创意，帮助客户推出更加独具一格的产品，就算其对手展开强大的广告攻势，都不能淹没其创意的光辉。这就是如何从最终客户的需求出发，倒推客户需求的销售模式。

客户的客户及竞争对手

接下来的重要工作是了解你客户的客户。大多数产品至少需要经过1～3个中间商，才到达最终消费者。例如，杜邦向宝洁供应原料，宝洁向沃尔玛供应产品，沃尔玛再把产品卖给最终消费者，这就形成了客户价值链（详见第1章）。想要为客户创造价值，就得沿着价值链，追本溯源。

谁是你的客户，客户的要求是什么？由于客户价值链的存在，这个问题变得有些复杂。假定你的客户是某消费品生产商，你为其提供某一种零件，那么你客户的客户，就很可能是零售商，比如一家位于美国东南部的五金店。零售商固然重要，但那些光顾五金店的消费者才是真正做出购买决策的人，如果他们不买你客户的产品，那么用不了多久，你的生意也没有了。不管你的客户怎么想，你都要沿着价值链进行分析。这样的思考，不仅能让你从客户的角度考虑问题，还能让你更加深刻地了解，你的零件对客户产品销售状况的影响。无论是零售商还是消费者，都是必须研究的对象。

除了客户的客户，你还要了解客户的竞争对手。你的客户及其对手正在同一个市场，为吸引同一类客户展开激烈的厮杀。你要相信，他们肯定会花大力气研究对手。例如，对手是否即将推出新产品，可能有何新功能？对手降价促销是为了解决库存积压，还是因为生产成本有所下降？对手计划在营销及广告上投入多少预算？最近为什么解雇了负责产品开发的副总？你要知道，在客户看来，哪位同行的威胁最大及其背后的原因。假如 A 公司的威胁最大，那么这到底是因为其研发速度快、其工厂更新效率更高，还是因为其财力雄厚，能够大量投放广告呢？

客户决策机制及决策人

前文谈到，组织架构图只是汇报关系的简单描述。这只是个开始，至于客户公司到底是怎么运作的，你还需要了解得更多。在深入研究的过程中，你会有些意想不到的发现。例如，有些人职位很高，但没有实权；有些人没什么头衔，却手握大权。部门间的关系经常相当微妙，有的甚至敌对意味明显。可能有些年轻人，他们极具潜力，升职很快（但凡升得慢了，就会被猎头挖走）；也会有些老同志，他们占据高位，但缺乏动力，无法顺应外部环境的变化。有些领导喜欢放权，与其下属建立关系，就能解决问题；有些领导则事无巨细什么都管，必须找到本人，拿到订单才有机会。

你需要知道客户的决策机制及关键决策人。如何才能从纷繁复杂的组织运作中，理清头绪呢？跟踪资金的流向，就很管用。第一，要看买单的是哪个部门；第二，要看谁参与了采购决策。很可能有些人职位不高，你都没有跟他说过话甚至从没见过，却在决策过程中具有发言权。除此之外，你还要知道，客户决策时会把哪些信息作为决策依据。你能否找到新的信息，影响其决策？回顾过去的决策过程，也许会从中找到线索。例如，最后促成决策的是不是财务因素？在研究分析时，你要有意识地发掘未来的企业领导人，并与之进一步加深联系。

我把企业中人与人之间的合作方式（或不合作），总称为人际体系。了解这个体系中的关键角色，比如谁做决策、谁分享信息、谁能施加影响、谁又会阻挠进程等，是至关重要的内容。这样你才能发现存在的问题和商机，才能精准地确定自己的价值定位。

客户企业文化及价值观

每家企业都有其独特的文化，你应该有所了解。企业文化通常特点鲜明。例如，有的企业风格就十分强硬，追求在谈判中逼迫对方做出最大的让步。沃尔玛就是典型代表，它们总会想方设法榨干供应商最后一点利润。不过也有企业愿意为好产品出个好价钱，它们认为应该与最好的供应商共同发展。例如，沃尔玛的主要竞争对手——塔吉特就是这样。此外，企业文化及价值观还反映在企业的诚信程度上。例如，有些企业一诺千金，口头协议就已足够，合同不过是手续而已；也有些企业言而无信，嘴上答应的好好的，但到签合同时，又会出尔反尔，要求无数的修订及补充条款。

客户的目标及工作重点

如果你今天问销售人员，他们是否知道客户真正关心的是什么，估计他们很可能向你保证，他们对此非常清楚。毕竟，客户也会制定公司的愿景、使命、价值观及战略方向。了解下来，销售人员的结论通常都是，客户要持续控制成本，因此自己还得不断降低售价。但是，他们很少能全面把握客户业务的发展方向、业绩目标以及达成目标的工作重点。要想真正理解，必须具备商业思维。

所谓商业思维，是指把握经营本质的能力，其核心包括利润率、现金流、投资回报率、周转率和增长率。对这五个指标，哪怕只有基本的认识，你就能对客户的盈利模式、业绩目标及工作重点有所认知。这样，你才能真正从客户的角度想问题，找到真正能满足客户需求的解决方案。

每个企业都会制定短期及长期的量化业绩目标，并会就如何达成目标提出具体的工作重点。这些业务目标和工作重点通常在公司公告、股票分析报告以及股东电话会议中反复提及，也会通过邮件、公司内部网站告知全体员工。客户最关注的目标及其关注的原因，都是你需要随时了解的。业务经营是需要做出权衡取舍的，如果流动资金吃紧，企业可能不得不暂时牺牲业务增长，减少产品种类或是收缩市场覆盖。

培养商业思维，听上去似乎挑战巨大，其实不然，而且你所做的全部努力都是值得的。懂得基础的财务知识及经营中必要的权衡取舍，你就更有优势成为客户信赖的长期合作伙伴。例如，摩托罗拉与诺基亚在手机市场上的争夺曾十分激烈，诺基亚占据着全球市场份额第一的宝座。在摩托罗拉众多零部件供应商中，有家来自北卡罗来纳州的小公司 RFMD。几年前，摩托罗拉推出了著名的 RAZR 款手机，以其惊人的超薄设计让摩托罗拉在竞争中占据了上风。商场如战场，好景不长，诺基亚和其他竞争对手迅速开始了强势反扑。2006 年秋，RAZR 的市场份额开始下滑，导致摩托罗拉整体利润率下降，流动资金陷入短缺。这时摩托罗拉不得不做出战略选择：是以降价的策略追回市场份额，还是找到绝地反击的方法，恢复应有的品牌价值和盈利能力。

最终，摩托罗拉决定放弃低成本、低利润的竞争策略，走差异化道路，希望以其时尚的设计及独特的功能保持市场领导地位。对于 RFMD 来说，知道这个战略方向就够了。于是公司上下都行动了起来，从工程师、设计师再到销售人员，大家全心投入，为摩托罗拉开发技术先进、性能优越的零部件，力图帮助摩托罗拉获取更大的竞争优势。RFMD 自然也在激烈的竞争中脱颖而出，成了摩托罗拉最大的合作伙伴。

商业思维必须培养

要真正为客户创造价值，销售人员必须培养商业思维，这是更精准地发现客户需求、更有效地满足客户需求的基础。对此，如果你从没想过，那么现在就必须认真考虑了。

商业思维不是神秘、复杂的技能。每个成功的生意人都有，就连第三世界国家里，那些没上过学的小商小贩也有。我在印度的小乡村里长大，小时候在家族鞋店帮忙时，就学到了基本的商业思维。大道至简,以那些卖水果蔬菜的街头小贩为例,你就能理解商业思维的本质。其实只要对商业有点兴趣,你就会发现这些原理其实非常简单。

先看**利润率**。这个概念你肯定已经很熟悉了,收入减成本就是利润。收入是指出售产品或服务获得的钱,也就是小贩卖水果和蔬菜得来的钱。扣除成本后,剩下的就是利润。通常用利润率来衡量盈利水平,即利润占收入的比例。举例来说:小贩卖水果蔬菜,一共卖了 150 美元(约合 6000 卢比),采购成本是 135 美元,那么利润就是 15 美元,利润率为 10%,即用 15 美元的利润除以 150 美元的收入。

为了达成利润目标,小贩在经营中要做很多决定。例如,一大早去进货时,就得决定买什么品种、以什么价格买。其实,这就是"产品组合"。然后,就得决定以什么价格卖,售价会直接影响利润率。此外,他还要做一些艰难的权衡。例如,要不要降价促销,以实现资金回笼,为第二天进货储备现金。在日常经营中,通过不断地试错,他的抉择能力会不断提高。其中的关键在于,对客户需求的把握。小本经营如此,大型企业也是如此。例如,当通用汽车排产时,就得决定生产哪些车型,每种产量多少;当销路不畅,库存高企时,就得决定是否要进行促销。总之,对客户需求了解得越透彻,业务决策就会越明智。

再看**现金流**。无论大型企业还是街头小贩,业务经营都需要流动资金。即便财务报表上的利润丰厚,但只要资金吃紧,企业就会陷入困境。与此同时,资金的时间特性也很重要。对某些企业来说,如美国老牌航空公司,现金流甚至比利润更重要。

接下来是**周转率**,即资产周转率。企业资产通常包括设备、厂房、IT系统、库存及应收账款等。周转率是指,一年之中单位资产创造的收入。例如,某企业年销售收入为10亿美元,总资产为1亿美元,那么资产周转率就是10。再如,零售商年销售收入为7亿美元,库存投入是1亿美元,库存周转率就是7。这在零售行业已经很不错了。

如果能帮客户在库存不变的情况下,实现收入增长,这就是为客户创造价值。例如,增加补货次数,降低客户库存;或是提高产品吸引力,缩短卖货时间,都能提高周转率。客户对此肯定非常欢迎,因为同样的投入不仅能产生更多的收入,而且还能带来更大的利润。这就是对客户有吸引力的解决方案。

利润率和周转率本身就很重要,投资者还会将两者结合在一起评估企业的经营状况。这就是**投资回报率**(R),用利润率(M)乘以周转率(V),$R = M \times V$。零售行业的特点是低利润、高周转。例如,虽然零售商的利润率只有3%,但周转率是7,结果其投资回报率能够高达21%。

电信行业则恰恰相反,其利润率有12%,但由于投资巨大,周转率仅为1.5,因此投资回报率为18%。这两个行业对投资者都有吸引力。由此可见,每个行业提升经营状况的方式会有所不同。

每家企业都会关注**增长率**。在收入增长的同时,还要保证利润。大多数企业不愿为了牺牲盈利的代价,换取收入的增长。说起来容易,要做到很难。你的重大挑战之一就是,如何帮助客户实现收入及利润的同步增长。

无论大型企业还是街头小贩,**客户**都是至关重要的。市场份额的提升表明,相较竞争对手,客户更青睐你的产品。除了厂家的市场份额,市场本身的发展趋势也很重要。例如,在手机行业发展之初,手机普及率很低。后来,该行业迎来了爆炸式的增长,年销售量高达几亿部。企业份额提升再加上市场高速增长,无疑是最好的情况。有些行业则会经历兴衰变化,如音乐CD。当年刚取代唱片及录音带的时候，CD达到了鼎盛时期，时至今日，随着新技术的冲击，CD年销售额已经急剧萎缩了。如果整体行业不景气，再大的市场份额也都是空谈。因此，在分析市场份额时，一定要结合总体市场的发展趋势。

客户满意度是决定市场份额的重要因素。满意的客户不仅自己会成为回头客，还会很乐意向别人推荐你。比如20世纪60年代，当丰田汽车刚刚进入美国市场时，由于其车型小、动力差、质量也不是很好，对美国消费者吸引力不大。后来，日本人仔细研究了美国汽车市场，解决了上述问题，而且很快推出了比美国车质优价廉的产品。直到今天，在全球汽车行业的客户满意度排行榜上，丰田与本田仍始终保持领先地位，在可靠性及质量方面，尤其优势显著。整个汽车行业在增长，它们的市场份额也在增长，这两家公司的市场地位着实让人羡慕。客户想让他们的客户高兴，对其产品的价格及性能满意，而你的任务就是，帮助客户实现这个目标。

请记住，商业思维不是单纯的数字游戏，而是要把客户财务报表及其他公开信息中的数据挖掘出来，与历史业绩及未来预测作比较，并从中发现客户业务的关键。这事并非只有财务专家才能做到，只要坚持练习，你就会做得越来越好。

客户沟通要全方位

要真正为客户创造价值,除了收集信息、深入分析,还必须与客户形成高效沟通。这不是那种每周对采购经理的例行拜访,而是要与客户建立全方位的联系与沟通。这样,遇到问题,双方的对口职能部门就能迅速协调、快速解决。例如,双方法务在合同签订前就可以相互接洽,免得造成误解,或是等到最后签字的那一刻再发现问题。同样地,双方财务也需要建立良性互动,及时就付款条件、信用额度等达成共识,确保合同的顺利执行。

此外,要想培养合作共赢的长期客户关系,还需要做好售后服务工作。签订合同绝不是销售工作的终点,客户是否愿意与你长期合作,还得看结果。例如,此前承诺的预期效果是否真能实现,与你合作的客户体验是否真的很好。这一次的成功,只是下一次的开始。你必须坚持不懈,一如既往地帮助客户解决问题,共同努力,以取得更大的成功。

最后,请记住,你必须对客户信息严格保密。信息分享的基础是信任,对此你要好好珍惜。

第4章
What the Customers Want You to Know

创造价值,服务客户

经过几个月的不懈努力，上次惨遭失败的查理，终于迎来了重振旗鼓的机会。这次他志在必得的是公司的另一个大客户——TriNet公司。作为项目主管，查理正在准备下周三与客户开会的资料。但随着准备工作的深入，他发现自己还缺些关键信息。

尽管在客户的行业趋势、竞争态势及增长模式等方面已经收集了大量的信息，但查理对其决策机制及关键决策人，还不太清楚。最终决策由谁来做，是采购经理吗？很可能不是，上次的惨痛教训还记忆犹新。是财务总监，还是负责营销及销售的副总裁，或是负责生产制造的副总裁？他不得不承认，自己根本不知道。

还有，虽然他对总体方案还比较满意，但该怎么定价呢？最近大家都在讨论溢价，但具体到自己全新的解决方案，溢价怎么实现呢？若价定高了，订单丢了，怎么办？此外，财务部门的指示似乎有些自相矛盾，一方面他们说，定价的惯例是成本法，即在成本上加几个百分点；另一方面他们又说，以后要用新的方式。

此外，为了确保下周三的会议效果，查理在周五安排了一个准备会。突然,几个月前丢掉订单时的恐慌又向他袭来。他深切地感到,现在的市场形势变化极快,如果自己再不努力改变的话,就会很快被淘汰。

好在他不是一个人在战斗。现在是团队作战的时代,公司里有很多同事可以助他一臂之力。他们也经常去客户那里拜访,也有很好的客户关系。查理提醒自己,不惜一切代价拿到订单不是目的,重要的是与客户建立融洽的关系、牢固的信任,加深对客户业务的理解。

查理逐渐恢复了平静。他给大家打电话,就最后的准备工作做了部署。之后,他准备了一份客户规划,详尽分析了客户需求、业务机会以及自己解决方案的核心价值定位。他需要向客户说明,自己全新的解决方案不仅能帮他们节约成本,还能帮他们实现收入增长,提高现金流。

* * *

通常来说,企业应该尽量减少销售人员在写报告上花费的时间。但有一项必不可少,那就是"创造价值的客户规划"(VAP[⊖])。在规划中,要明确说明你的解决方案能为客户带来

[⊖] VAP是value account plan的缩写。——译者注

哪些价值,即价值定位,以及客户能获得哪些好处,即预期收益。阐述收益应当有理有据、清晰具体,比如基于成本、收入及现金流的定量描述,或者基于市场定位、品牌形象的定性说明。能根据客户需求形成独特的解决方案、现实明确的预期收益,是新型销售模型有别于传统的关键所在。创造价值的客户规划就是重要的指引。

创造价值的客户规划是个纸质或电子模板,销售需要与其他职能部门通力配合,才能完成。制定客户规划,绝不是简单的依葫芦画瓢,而是需要认真的思考及敏锐的洞见。这要求整个团队不流于表面,不是客户说什么就写什么,而是要从客户业务发展的角度,综合分析、深入思考,发现客户的本质需求,找到真正能为客户创造价值的解决方案。这个思考的过程本身就是非常有价值的。

制定规划时,销售人员要发挥领导作用,协调各部门以紧密合作,综合分析客户信息,共同完成客户规划。规划完成后,大家都要依此行事,相互配合。客户规划应在各部门共享,相关人员可随时查阅。这样,即便中途有核心销售离开或升职，也不会影响客户服务的持续性。

有些销售人员可能会觉得，这样的客户规划降低了自己的重要性。事实恰恰相反，因为他们在协调各部门集思广益、提出令客户心动的价值定位以及最终制定客户规划的过程中，发挥了更大的领导作用。可能刚开始的时候，他们会有些抵触情绪，但他们很快就会发现，客户规划其实是自己最为有力的实用工具。

客户规划模板的具体形式没有一定之规。各家企业都可以根据客户、自身以及行业的特点，进行灵活调整，纸版或电子版也都可以，关键在于要做客户规划。只要你把握了客户规划的关键，做起来并不难。

要想让客户规划为客户创造价值，需要包含三大要素：客户概况、价值定位以及预期收益。收益应当明确具体，比如"能将生产周期缩短××分钟""能减少××钱的库存"，或能为成本、收入、利润、现金流、投资回报率、市场份额及品牌价值等，带来哪些正向影响（见图4-1）。

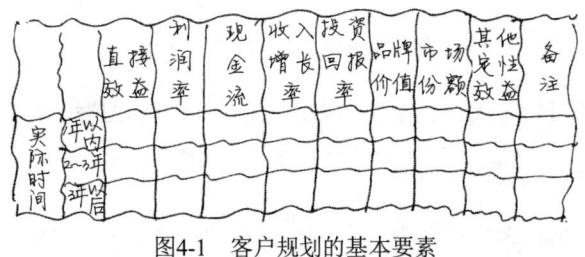

图4-1 客户规划的基本要素

第一部分 客户概况

创造价值的客户规划由三个部分组成，第一部分是客户概况。在准备过程中，你已经收集了关于客户的大量信息（详见第3章），这是制定客户规划的基础。首先要收集的信息是，客户**基本介绍**，如公司名称、业务范围、主要负责人姓名、总部及分公司的地址等。

其次要收集的信息是客户**业务情况**。这需要销售牵头，其他部门同事协作，共同分析思考，清晰简洁地描述客户的整体业务状况。整个团队一定要放眼全局，关注客户的财务状况、业绩目标、市场格局、竞争动态、运营管理以整个客户价值链（详见第1章图1-1）。分析客户业务时，不能浮于表面，必须独立思考、富有创见、弄清实情、把握本质，最终形成自己的判断。

例如，基于客户过去5年的财务数据，财务主管就能对此加以分析，从中找寻重大变化。如果发现客户利润下降、负债高企、利率上扬、融资困难，就说明其资金状况非常紧张。假如这时客户仍宣称要快速增长，你就会得出不同的结论。

另一家客户很可能财务实力雄厚、资金充足。结合其他因素，比如客户所处的某个细分市场正在增长，或是其竞争对手正举步维艰，你就会有新的洞察。所有这些分析与判断都应简明扼要地加以记录，因为这将决定你的价值定位。

另外，你还要关注客户的短期及长期目标。短期目标通常比较切实可行，如果不是，也会及时得到调整；长期目标则可能比较高远。在业务发展的过程中，当客户意识到长期目标难以实现时，就需要做出战略调整。因此，持续关注客户的目标完成状况，就能帮你预见是否会出现方向性的战略调整。

最后要收集的信息还应包括客户的**决策机制**。决策很少是靠一次会议或一个人做出的。你要知道，决策人是谁，决策过程如何，会对哪些人产生影响，以及哪些信息会作为决策依据？采购预算会由哪个部门做出，预期收益会体现在哪里？决策机制会发生哪些变化？这些问题的答案是清晰明确，还是有待查明？

客户概况的具体形式并不重要，你可以选择最适合自己的方式（见图 4-2）。重要的是要记住，企业是处于不断的发展变化之中的。

> 客户概述
> - 基本介绍
> - 业务情况
> - 决策机制

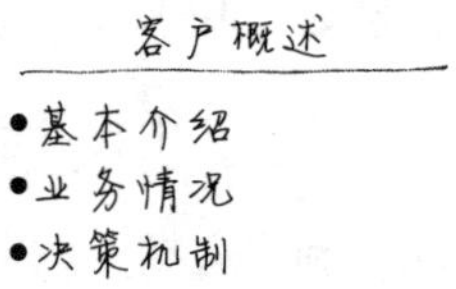

图4-2 客户概述的主要内容

不管是采购部门还是其他部门的人事变动及组织架构调整，你都要时刻留意，及时跟进。

第二部分 价值定位

客户规划的第二部分是价值定位。在这个部分，你要根据客户需求定制解决方案，确定方案报价，分析对公司收入、成本、现金、投资及利润的影响。传统销售模式也讲价值定位，那么两者的区别何在呢？新型销售模式强调通盘考虑客户业务，与公司各部门通力协作、集思广益，不再仅仅满足于为客户降低成本，而是真正全方位地为客户创造价值。

对于销售人员来说，最大的挑战莫过于拓展客户关系，不仅局限于采购部门，还要与其他部门建立联系。这没有什么一定之规，各家企业都有自己的方式。总的来说，就是要充分调动全体员工的积极性，借助大家的人脉关系，牵线搭桥，逐步拓展。每个人都有自己的社交网络，没准某个朋友就在客户那里有熟人。公司上下、各个部门越是能通力合作，客户关系就越有可能实现突破。此外，销售人员还可以向客户请教，自己还应该接触哪些人。一旦建立了联系，销售人员及其同伴们就要创造机会，与客户频繁接触，深入挖掘客户需求，从客户业务全局出发，更好地确定价值定位，而不仅仅是满足采购部门的要求。

假如你是一家包装公司，正服务于某消费品公司，客户的不同部门就会有不同的诉求。例如，采购部门关注的是成本、质量及供货的可靠性；营销部门关注的是包装对零售货架的利用，对品牌形象的影响；公司高层或公关部门则会关注公司形象，比如包装是否绿色环保等。综合这些信息，你的价值定位就要兼顾多方要求，比如使用可回收材料、设计体现美感及质量、符合客户品牌形象、有效利用货架空间，当然产品价格还得实惠。这样的价值定位才能为客户创造更大的价值，才能满足客户的多方需求，尤其是公司高层，他们的意见对最终决策还是有很大影响的。

单靠销售人员的一己之力是无法做出真正成功的解决方案的。这需要各个职能部门的通力合作，交流探讨，仅把现有产品简单拼凑在一起，并不能真正为客户创造价值。而且，客户还能轻易地将之拆开，分别砍价，各个击破，这样就得不偿失了。要想形成独特的价值定位，必须为客户量身定制整体解决方案，把各个组成部分有机地整合在一起，创造出更大的客户价值，这样才能在竞争中脱颖而出。

此外，解决方案的成本估算及定价策略也应及早完成，既要实现客户收益，也要保证公司盈利。每个解决方案的定价都可能不尽相同，都需要公司予以高度重视。很多时候，定价环节是最令销售人员沮丧的。但是，只要解决方案足够好，你就能摆脱成本定价，争取溢价空间。

采用新型销售模式的企业，通常采取价值定价法（见图 4-3），即根据为客户创造的价值来制定产品的价格。当然，你还必须判断竞争对手的定价策略。它们是否有能力提出更好的解决方案？它们的定价水平如何？客户如何看待你的解决方案，如何理解你的价值定位？你在报价时，是否为客户砍价留下了空间？除非改变定价方式，否则为客户创造价值的销售模式是无法发挥作用的。价值定价法的关键在于，向客户证明你的价值创造，然后再共同分享收益。在传统销售模式中，销售只对产品性能负责，但在新型销售模式中，销售会感到要对客户的整体业绩负责。

客户需求	计划方案	财务影响
● 业务范围	● 产品A	● 价格
● 时间要求	● 产品B	● 成本
● 具体需求	● 服务C	● 利润
	● 独特的整合方案	● 投资

图4-3　价值定位

销售人员习惯了过去客户总是拼命砍价，只要不降价就会丢单的痛苦经历，因此对争取溢价难免心存疑惑。其实，只要价值定位能够充分满足客户多方面的业务需求，溢价空间还是有的，而且客户对此还更愿意接受。起初，财务对价值定价法也会有所抵触，因为相比直截了当的成本定价法，这需要更多的分析判断。但随着大家能力不断精进，对成本诉求之外的客户需求有更全面的理解，对价值定位有更精准的把握，一切都会迎刃而解。

第三部分 预期收益

客户规划的第三部分是预期收益。在这个部分，你要说明自己的解决方案能为客户创造哪些具体的收益。在绝大多数企业，销售考虑这个问题的思维定式是，比较总体拥有成本（TCO[○]，包括采购及使用成本）和成本节约空间。但为客户创造价值的销售模式，强调的是总体拥有价值（TVO[○]），即相较其他方案，客户能多获得多少收益，或选择了其他方案，客户会遭受多少损失。例如，在技术创新层出不穷的行业，一味看重价格会使客户在技术上落于人后，在竞争中陷入不利地位。

描述预期收益时，首先要从直接效益入手，例如，把账单差错率降低一半，将原材料消耗减少20%等。然后再谈，这能给客户业务带来哪些贡献。有些是定量指标，比如节约成本、提高收入、利润、现金流及市场份额等；有些则是定性描述，比如提升客户忠诚度及品牌形象等。要根据价值定位系统性地梳理，然后再做出判断。要记住，收入增长及品牌形象的提升都是客户极为关注的核心价值。

例如，某软件能帮助医药公司销售代表，提高客户拜访数

[○] TCO是total cost of ownership的缩写。——译者注
[○] TVO是total value of ownership的缩写。——译者注

量。直接效益就是，人均每周拜访客户次数能从10次提高到15次。如果每次额外拜访能产生5000美元收入，那么其直接效益就能转为，每周每位销售代表新增25000美元收入。这样一年下来，人均销售收入可实现130万美元的增长。如果公司有1000名销售代表，那么使用该软件就能给公司创造13亿美元的收入增长。仅这一个数字，就已经足够吸引客户高层的眼球了。这就是定量收益。此外，该软件还能带来定性收益，比如客户满意度及品牌形象的提升。所有这些构成了客户的总体拥有价值，都应在预期收益部分列示出来。

还需注意的是，在描述预期收益时，销售人员的确可以寻求其他部门帮助，将收益用财务术语表达出来，但不能因此就"等靠要"，忽略了自身能力的提升。销售人员必须培养商业思维，学会利润表及资产负债表等基础知识，更好地分析思考如何帮助客户提升业务。这就是为客户创造价值的关键所在。具体方法，详见第3章。

究其本质，商业经营还得回归常识。在实际工作中有意识地锻炼自己，你就能学会，如果还有精通此道的领导指点，那么你的进步会更快。从实践经验看，销售人员完全可以掌握这项技能。其实，制定客户规划本身就是极好的练习。基于信息收集、数据分析及缜密思考，再加上对客户需求的全面把握，销售人员就能如虎添翼，赢得比单靠个人关系更多的订单。

深入了解客户业务，能帮你发掘潜在的客户收益。以汤姆森金融公司为例。该公司是全球开发交易软件的主要厂家之一，能帮交易员实时搜索市场信息。由于与竞争对手的产品大同小异，客户IT部门在决定是否购买其产品时，谈判焦点就是价格。后来，汤姆森公司采用了为客户创造价值的新型销售模式，并让销售人员开始思考一些基本问题，即你们是否清楚客户的具体需求，客户是如何使用我们的产品的，我们的产品到底能给客户带来什么价值？这些问题让销售意识到，原来IT部门只负责采购，真正的用户是交易员。于是，他们开始仔细观察交易员，并与之深入交流。最终他们发现，实时获得市场信息固然重要，但更为关键的是，软件带给交易员的选择及分析信息的能力，这样他们就能洞察市场动态，做出更好的决策。由此可见，汤姆森金融公司的软件不仅能提高交易员的工作效率，还能提升他们的工作有效性。相比信息的显示速度，这显然更加重要。虽然工作有效性很难量化，但交易员都知道其在业务中的重要作用。

对于消费品行业，从最终消费者及零售商的角度来审视整个客户价值链，你会产生更多的创意。例如，美德维实伟克公司（MeadWestvaco）就是这样，它们推出了全新的包装解决方案 Natralock，为消费者及零售商创造了一系列好处。它采用了独家的抗撕裂技术取代了翻盖式包装，使得纸盒在商店里无法被撕开，起到了防盗的作用，但消费者买回家后，又能用剪刀轻而易举地打开。此外，这种包装上还能印制精美的图案，以可回收纸板为原料还能更加环保。因此，由于包装深得消费者及零售商的青睐，美德维实伟克公司的确能够帮助客户实现销售增长。

尽管我在阐述客户规划时，分别介绍了其中的三个部分内容，但在实践中，企业要把三者结合起来，进行整体分析。要想更精准地找到价值定位，就得更深入地挖掘客户需求；要想为客户带来更多的预期收益，就得制定更具吸引力的价值定位；要想运用价值定价法，就得沿着预期收益，思考客户的总体拥有价值。

在服务可口可乐时，美德维实伟克公司的销售人员就发现，提高包装的印刷品质能为客户创造价值。如果它们能提升可口可乐的包装品质，就能直接带来其销售收入的增长、品牌形象的提升以及库存周转率的显著改善。因此，相比竞争对手，该公司的解决方案更有可能获得溢价空间。

如果你为客户创造的价值能涉及多个业务领域,那么溢价空间可能还会更大。例如,美德维实伟克的创新包装解决方案,其费用不仅可以出自客户的包装成本预算,还能出自客户的营销费用预算,因为更为精美的包装也可视为店面促销的营销举措(见图4-4)。

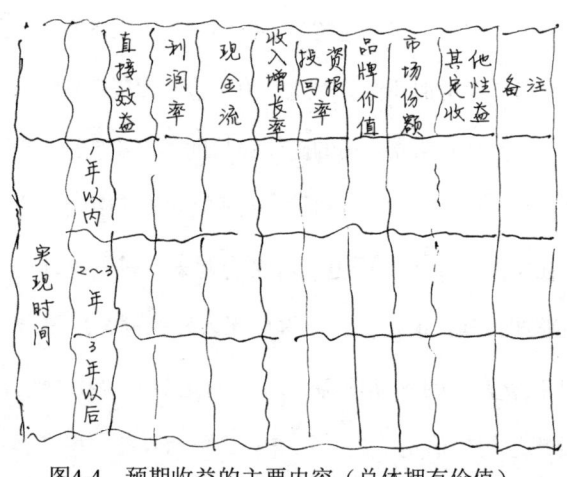

图4-4　预期收益的主要内容(总体拥有价值)

销售发挥领导作用

制定创造价值的客户规划,需要各个职能部门的通力协作。这时,销售人员就要发挥领导作用,负责召集、协调,安排客户见面及团队讨论。要想把销售工作做好,外部的客户关系固然重要,内部的跨部门协同也不可忽视。其中,销售人员的作用非常关键,要能领导整个跨部门的客户服务团队,确保彼此之间进行定期沟通及坦诚交流。

在新型销售模式下,企业各部门的相关人员都应与客户公司的同行建立联系,形成互动。对过程中收集到的客户信息,销售人员要能加以收集分享、分析研究。在讨论客户需求及解决方案时,销售人员要能充分调动大家的积极性和创造性,集思广益,出谋划策。每个部门都有自己的工作重点、预算限制和业绩目标,难免各自为政,阻碍企业为客户创造价值。这时更需要团队领导挺身而出,帮助大家统一思想、顾全大局,放下本部门的一时私利,全心投入为客户服务。当各个部门都能做到舍小家为大家时,他们在实施过程中也会更加努力、更有动力。

回到美德维实伟克的例子,其实成功推出新的 Natralock 包装解决方案就需要各个部门的通力合作。例如,产品研发及生产需要大量的持续投资,必须得到运营及财务部门的首肯。有了产品之后,资源配置及营销思路也要进行相应的调整。例如,营销部门必须全力支持新品上市;销售部门要与客户沟通,充分说明和原来的翻盖包装相比,新品的优势何在。Natralock是具有革命意义的新产品,会遇到的挑战自然很多,因此更需要整个团队相互支持、精诚合作。美德维实伟克之所以能大获成功,秘诀正在于此。它们组成了跨部门的项目团队,深入发掘零售商及最终消费者的需求,共同探讨可能的解决方案,设计制定自身的价值定位及客户的预期收益。它们定期开会、评估进展,发现问题并加以解决。这不是销售的一言堂,而是各部门共同协商得出的解决方案。这样,资源才会得到合理配置,问题才能得到解决。否则,光靠销售拍板,貌似效率很高,但之后运营不配合生产,财务不批准预算,整个项目就会停滞不前。

无论是对客户公司还是你所在的企业,你都要尽可能地学习其业务、发现问题、建立人脉。你要主动与各部门的同事分享客户信息,寻求他们对如何加强客户关系、如何提升客户服务的真知灼见。

这并不是说,依据上述方法,你在制定创造价值的客户规划时,就不会遇到阻碍。困难是难免的,比如明明能做到的事,就会有人说干不了。你要成为客户的代言人,帮助大家构想解决方案,推动大家实施客户规划;与此同时,你也要认真倾听,了解大家的实际困难。这就是为什么客户规划的制定绝不会一蹴而就,而是要与客户及各部门同事进行反复探讨。在这个过程中,每个人独特的专长及创意都汇集到了一起,这不仅增强了团队成员的相互关系，还促进了整个公司的信息分享及团队协作。

其实，所有参与客户分析、现状诊断及方案制订的人都成了"销售队伍"中的一员。这就像在金融服务机构，你需要召集并购及衍生品等方面的专家，共同为客户设计解决方案；在工业企业，你不仅需要与工程师一起研究，新的发动机设计是否能让原有设备更加节能，还需要与其他部门探讨，是否能把大型样机借给客户试用30天。

销售必须与财务及法务部门建立起良好关系，能在需要时立刻找到负责人，加快财务的授信分析及法务的合同审核。其根本目的就在于，要比竞争对手更快地满足客户需求。例如，EDS就为其400多家客户提供了全天候服务。遇到问题，客户可以直接投诉，然后EDS会立刻派人寻找原因，解决问题。因此，EDS真正的价值定位，就是为客户快速解决问题。当然，能做到这一切的基础就是及时、高效的内部协调机制。

如果能与客户密切沟通，你也会从中受益匪浅。例如，在制定创造价值的客户规划时，你需要经常与客户交流，挖掘他们的需求，探究不同的方案。那么怎样才能让客户愿意与你坦诚沟通、共同商讨呢？关键就在于，真正把客户利益放在第一位。绝不能强行推销既定的解决方案，而是要与客户共同探计,如何更好地为其创造价值。只有这样,双方的互动才会更顺畅、更深入。随着客户规划的细化及双方合作的深化,客户会成为你的创意源泉,双方会实现共同的持续成长。

你的最终目标是与客户建立相互信任及双向沟通机制,这需要时间。刚开始尝试做客户规划时,很可能得不到客户的配合。不管客户态度如何,你都要带领大家收集客户信息、制定客户规划,并向客户进行介绍。

你要打造的企业组织,就是像威克·琼斯领导下的R.A.Jones公司。也许你从未听说过琼斯,但他绝对是包装行业的传奇人物。继承家族企业后,琼斯就凭借与客户的良好关系以及强大的公司实力,成功打造了很多独特的解决方案,不仅赢得了很多回头客,而且还令很多客户接踵而至。诸如宝洁、家乐氏、通用磨坊、安海斯-布希等消费品公司的高管,都与琼斯私交甚好,他们都非常乐意与他共进晚餐或是一起小酌,请他为其业务发展出谋划策。

有一次在圣路易斯,琼斯在与安海斯-布希公司的老板聊天时,听说该公司花了数千万计的广告费,但效果有限,只是提高了产品的知名度而已,而真正对客户购买决策有影响的是啤酒的包装及图案。琼斯知道该公司非常了解客户,于是主动请缨,提出要助其一臂之力,通过包装提高销量。

琼斯历来以客户为中心,要求公司技术人员根据客户需求而不是自身喜好开发产品。于是他把大家召集在了一起,共同探讨,如何帮助安海斯-布希公司改进包装设备,提高产品销量。技术人员提议为其定制设备,使其能推出每包35罐的新包装,不仅图案精美,而且售价与其竞争对手米勒每包28罐的一样。米勒要想改变包装规格,至少得等上12~14个月。虽然啤酒消费者的品牌忠诚度很高,但就在这12~14个月的时间里,安海斯-布希公司还是一举扩大了领先优势。

琼斯在制订客户解决方案时,不仅会与设计师交流,也会深入生产车间征求工人们的意见。一线工人经常能预见到生产环节可能出现的问题,并提出切实可行的解决方法,因为设备制造最终还得靠他们完成。此外,琼斯还会邀请销售及售后服务人员共同参与。

琼斯就是这样服务客户,为客户创造价值的。客户也都对此非常感谢,遇到问题也会主动要求与他合作。有一次,沃尔玛要求通用磨坊为早餐麦片推出新包装。于是,通用磨坊找到了琼斯,但他没有接这个项目。通用磨坊只得另找了一家供应商,但那家的包装设备出了很多问题。后来通用磨坊的一位高管说,每次走过那些设备时,他就心想:"要是换成琼斯,问题早就解决了,销量也早该上去了。"

团队制定客户规划

2005年,美德维实伟克公司建立了一个跨职能团队,专门探讨如何帮助某一潜在客户解决实际业务问题。它们从收集客户信息开始,还聘请了专业机构,研究客户所在的市场格局及最终消费者的购买行为。

该潜在客户的产品是能达到餐厅水准的特色冷冻食品,主要通过商超及会员店等零售渠道销售给最终消费者。与雀巢、康尼格拉、泰森等业界巨头相比,该公司规模一般,主要凭借食材新鲜及产品品质,在市场中独树一帜。为了巩固其高端定位及定价策略,该公司还设计了独特的包装,但问题是,有些包装运抵超市时会发生破损,导致无法出售。由于"破损率"的不断攀升,有家大型超市连锁威胁说要缩小该公司的货架面积。包装破损造成的损失,并非只是成本。美德维实伟克公司委托第三方,对此做了深入的市场调研。结果显示,顾客在购买时往往注意不到包装问题,但当他们后来发现时,会对产品品质、公司品牌，甚至零售渠道，留下非常负面的印象。

该市场调研只是美德维实伟克公司所做的大量分析研究中的一部分。美德维实伟克还深入研究了冷冻食品行业，按照各个细分市场，逐一分析了过去的发展趋势，并预测了未来的增长前景。它们发现，尽管冷冻食品市场的整体增长幅度不大，但民族特色食品尤其是高端品类，极具发展潜力。如果该公司不能解决包装问题，就很可能与之擦肩而过。此外，它们还研究了该公司的盈利模式。尽管对方不是上市企业，没有公开的财务信息，但它们还是依据类似企业的经营状况，对成本、利润及库存周转等关键指标做出了大致的估算。

通过这些分析，它们发现了该公司的关键业务问题，并制订了有效的解决方案。它们为之设计了一款 CNK 的特殊纸板包装，不仅图案精美，而且结构坚固，不易损坏。这些的确能满足客户的直接需求，但仅仅做到这步还是不够的，它们还需要让客户看到，这种包装虽然成本稍高，但能为其创造巨大的价值，比如能够有效提高销售额及现金流、降低破损率及退货率，维护品牌形象、市场地位、货架面积及客户忠诚度。而且，每项收益背后，都有数据事实的支撑。

所有这些都是客户规划的有机组成部分。美德维实伟克公司的项目团队,正是以此为指导,推进着具体的销售工作。它们成功地说服了客户,虽然成本有所提高,但是CNK包装能够显著降低破损率,帮助客户巩固市场地位,提高货架面积,带来巨大的财务收益。它们还用同样的分析,向零售商阐明了,CNK包装为何也能为其带来价值,以及该包装对产品销售的促进作用。

对于销售人员来说,从只关心客户成本到着眼于销售增长,意味着重大的思维转变。美德维实伟克公司的新销售模式,不仅帮助公司拿下了这家潜在客户,而且更为重要的是,帮助它们赢得了客户的信任与尊重(见图4-5)。

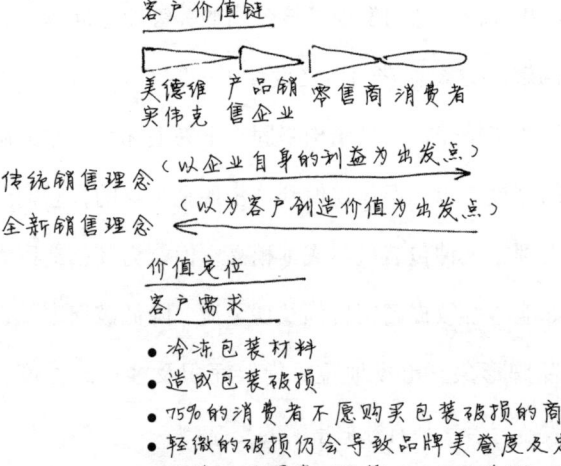

图4-5 创造价值的客户规划(简洁版)

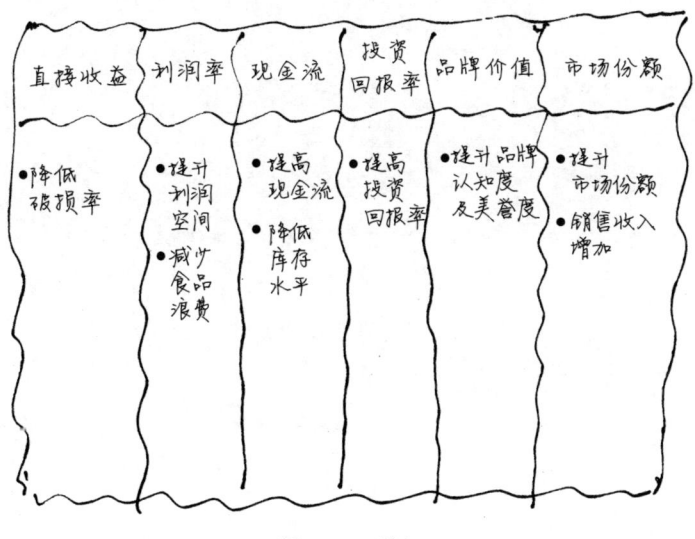

图4-5 （续）

第5章
What the Customers Want You to Know

销售转型,人才为先

让我们再回到斯特吉斯公司。那次高管研讨会之后三个月，负责西部地区的销售经理罗布·莫里斯（Rob Morris）在公司食堂碰到了CEO杰克·加勒特。

杰克迫不及待地问："事情进展得怎么样？"

罗布深知销售转型对杰克乃至整个公司的重要性。于是，他回避了杰克热切的目光，坦言进展不是很顺利，"没我期望的那么快"。

杰克回应道："不至于那么糟糕吧。主要是什么问题？"

罗布说："高管研讨会时，我们谈到要收集客户信息，但销售人员感到难度很大。此外，遭到吐槽最多的就是，我们要求销售人员拓展客户关系。客户采购部门把控着采购流程，光跟他们打交道，销售人员就已经忙不过来了。"

杰克说："出现这些问题也是正常的。遇到困难，销售人员有没有寻求公司其他部门的帮助呢？"

"杰克，说实话，有些销售人员并不喜欢团队作战，他们既不愿与其他部门分享信息，也不愿向其寻求帮助。"

罗布接着说："但他们中的大多数已经开始转变了。其中部分原因是，他们意识到要超越产品本身、突破成本收益，让提出的解决方案为客户创造更大的价值，的确是个巨大的挑战，必须依靠各个部门的通力协作。"

对此,杰克也表示认同:"这确实很难,但这正是销售人员转型的核心。每位销售人员都要经历这一重大转变。熟能生巧,百炼成钢,所以我想为他们办个认证培训。"

罗布赶忙问:"认证具体怎么做呢?"

"就是培训后有考试,通过了,才能得到认证。"

"这恐怕……"

杰克坚定地说:"罗布,我们真的别无选择。要是天天还是老一套,我们在客户眼里也只是老样子,哪里谈得上什么差异化竞争呢?时不我待,再等下去,只能坐以待毙。我们必须转型,而且必须立即付诸行动。销售转型不容易,需要大家具备全新的思维模式及专业技能。对此,我们会给予大力的支持。当然,有些无法随之转变的人,也只能被淘汰出局。"

罗布也有同感:"你说的对,我一定要让大家充分认识到问题的紧迫性。我会尽一切努力,确保认证培训取得成功,你放心吧。"

"那就好。谢谢你,罗布。"

杰克想到,也许其他地区也会遇到类似问题,于是赶紧找到负责销售的副总裁苏珊了解情况。苏珊说,西部地区的情况确实不太好,但其他地区已经出现起色。例如,至少有两个大区的销售经理已经找到了感觉,他们正在与两家大客户密切联系,客户已经同意要跟我们的销售团队共同探讨,如何帮助他们提高市场份额及销售收入。

听说新型销售模式初见成效,杰克非常高兴。他建议:"下一次培训时,要请这样的销售人员参加,让他们现身说法,让大家看到这种方法不仅是切实可行的,而且还可以是充满乐趣及成就感的。"

苏珊回答道:"我们可以请查理·鲍尔温,他再合适不过了。前几天他还私下告诉我,他觉得自己的春天来了。之前有段时间,他非常低落,觉得自己不行了,要被淘汰了,但现在,他又重新恢复了活力,已经成了全公司的销售冠军之一。"

杰克说:"是啊。只要把查理这样的人培养起来,让他们掌握正确的方法,我们就一定能取得成功。"

* * *

要打造能为客户创造价值的销售队伍,需要具备两个关键条件:一是销售人员的真心认同;二是要让其进行强化训练。一两个人的改变作用有限,要想在整个组织中推动销售转型,公司高层必须充分做好迎接困难的准备。为客户创造价值的销售模式，不可能一夜之间就在公司上下生根发芽。转型的同时，业务还得持续推进，这就像是边开车边换轮胎。转换模式需要时间，公司越大越难掉头。

推动销售转型的最佳方式，是先重点突破，挑选几位能力强、素质高、有意愿改变的销售人员，从他们开始。筛选的关键在于心态，即有意愿转换思路，能认识到销售的目的不只是卖东西，而是要帮助客户取得成功。有些销售人员业绩虽好，但思路不对，这就不是理想的人选。

在客户方面也要有所选择，要挑一些对新的销售模式接受度比较高的客户。在推进转型的开始阶段，要让大家尽早看到成效，取得成果，这样才能激发其他销售人员的兴趣和热情，才能形成良好的发展势头。随着大家纷纷行动起来，那些固守陈规、不愿改变的人也会凸显出来。其中有些经过帮助鼓励，是能有所改变的；实在顽固不化的，就只能转岗或离职。根据实践经验，1/3～1/2 的销售人员都能成功转型。有鉴于此，在推动转型时，要特别注意方式方法，不能操之过急。

要想转型成功，销售经理必须全情投入、以身作则，因为他们自身也需要转型，需要学习新的知识和技能。除此之外，其他职能部门的领导也必须全力支持，积极配合。

新型销售必备素质

销售转型，人才为先。你应当花点时间好好想想，新型销售队伍究竟需要具备哪些关键素质。虽然说金无足赤，人无完人，但有些基本素质是必不可少的。

还记得总部位于北卡罗来纳州的 Unifi 公司吗？关于如何招聘新型销售人才，其 CEO 布莱恩·帕克（Brain Park）如是说：

> 现在我们招人时特别看重基本素质，我们理想的人选要具备较强的人际交往能力、表达能力以及竞争力。所学专业不重要，商科也好，古典文学也罢；所上大学也不重要，名校也好，社会大学也罢；重要的是具有商业思维，懂得企业如何赚钱。我们要的是解决问题的能力，因为归根到底，要想为客户创造价值，就得帮客户解决问题。

汤姆森金融公司与 Unifi 一样，推行销售转型已经好几年了，它们认为新型销售领导应该具备以下素质：

> 新型销售领导必须是全能型人才，既要有过人的

能力，也要善于倾听，严于执行。必须具备商业思维，能深入研究客户所在的行业及市场状况，深刻理解客户需求、工作方式以及业务模式，并能加以综合分析，制订解决方案，真正为客户创造价值。此外，还必须具备很强的沟通能力，知道如何化解矛盾，如何呈现成果，如何说服客户；具备很强的协调能力，知道如何适时地调动公司内外的相关资源，如何实现跨部门、跨业务的团队协作；具备很强的人际能力，懂得如何与外部客户及内部同事建立良性的互动关系。这样的销售管理人才，很多公司都需要。

INFONXX 是一家电话查询、呼叫中心及语音识别等高级电话服务供应商。该公司负责北美销售及营销的副总裁克莱顿·利亚巴顿（Clayton LiaBraaten）认为，新型销售领导应该具备长远眼光，要培养长期客户关系，而不只是一门心思为了获取订单：

获取订单当然十分重要，但随着销售转型的深化，我们要与客户建立更深厚、更长期的合作关系,因此更加需要这种新型的销售领导。他们要能与客户形成良性互动,建立信任;要能临危不乱,泰然处之;要能发动团队积极性,调动各部门协作;还要能把握好分享信息及保守机密之间的分寸。我们甚至把客户经理更名为客户拓展,希望销售人员能着眼长远,能主动积极地培养长期客户关系,而不是无事不登三宝殿,不出问题不出现。

新型销售人员必须能够广建人脉、解决问题、组织协调、坚持不懈,进行商业思考。你可以参照这些素质要求开发自己的方法,来评估销售队伍的现状。

广建人脉 大多数客户在做采购决策时都不是一言堂,而是汇聚各部门、各层级的集体决策。因此,销售人员必须在客户及自身组织内部,与多个部门、多个层级的人建立广泛的人脉关系。仅靠态度亲和是不够的,还必须善于倾听、归纳总结、相互探讨。销售人员必须成为在客户与公司之间实现无缝连接的桥梁,既要深入客户,摸清客户需求及业务目标,又能调动企业自身内部力量,为客户设计能为其创造价值的解决方案。

解决问题 销售人员必须能从大量杂乱无章的信息及数据中，敏锐捕捉关键要点，并以此为出发点寻找双方共赢的解决方案。一旦发现重要信息，就要与团队分享，借助各部门的见地，准确把握客户需求。然后，还要结合客户及自身实际，探讨如何更好地为客户创造价值。销售人员必须富有创意，才能提出既能给客户带来切实收益，又能保证自己企业盈利，还能击败对手的解决方案。

组织协调 新型销售，需要团队作战。虽然其他部门都不归销售人员负责，销售人员仍要凭借自身的组织协调能力，调动大家的积极性。例如，销售人员有时就需要动员比自己级别更高的领导，共同参与。这不是简单的个人魅力或个人英雄主义。这种领导能力起初并不明显，但假以时日，随着销售人员的推进，销售人员在团队组建、定期开会、互动沟通、寻求帮助等方面的领导才能，就会充分显示出来。好的销售人员，在与客户沟通时，要能实现双方的双向互动；在设计解决方案时，要能调动各部门参与，集思广益，献计献策；在推动决策时，要能比竞争对手更快更好。当然，不能只顾拿单不顾利润，保证盈利是前提。单打独斗式的销售人员，是无法做好这样的组织协调工作的。

坚持不懈 为客户创造价值的全新销售模式，需要销售人员大量收集、深入分析各种客户信息，仅这件事就很不容易。有些能从公开渠道或公用数据库中获得，但最为关键的那些信息都得来自客户。仅找某个客户或某个部门还不行，还必须与客户各个部门、各个层级建立联系，而且很多时候，连客户自己也不能准确描述自己的需要或目标。所有这些困难决定了，销售人员在收集信息方面，需要花费大量的时间精力，并不是所有销售人员都有这个耐心的。即使成功收集到了必要的信息，回去还得与团队分享，还要进行分析研究。很可能分析之后，又会发现新的信息需求。收集信息、分析研究、制订方案不是一蹴而就的线性过程，而是循环往复的持续优化。销售人员必须有耐心、有毅力，坚持不懈地带领团队奋勇向前。

商业思考 新型销售模式中，最难的就是按照商业思维，分析思考客户的整体业务及具体流程。销售人员要乐于进行财务分析，弄懂利润表、资产负债表及两者之间的关系，你需要设计专门的培训课程来培养这样的业务能力。此外，要想在复杂多变的客户组织中及时跟进业务变化，销售人员也需要对各个职能有所了解。

自上而下开展培训

想要完成销售转型，真正为客户创造价值，需要销售人员建立新的技能，改变过去的行为方式。因此，培训非常关键。各个职能部门的代表，尤其是财务、法务、市场营销、产品开发等部门人员，都要参加。当然，对销售人员的培训还是重中之重。

培训最好是自上而下，先从公司高层入手，尤其是负责销售的副总。要让他们掌握新型销售模式的思路及方法，能够收集分析信息，制定客户规划，设计解决方案，为客户创造价值。然后，再如法培训区域销售经理。他们必须能够从客户的整体业务目标出发，确定与之契合的价值定位，并能领导新型销售模式的试点工作，为之后的全面转型做好准备。CEO要确保销售部门领导及区域经理们，不仅自己能掌握新型销售模式的精髓，而且还能很好地培训他人。你可以考虑将其相当一部分的绩效奖金（如40%）与推动销售模式转型挂钩，这样应该能够确保他们能对此予以重视。

培训整个销售队伍的确任务艰巨，需要时间。最好先从局部开始，精心挑选几位你认为能够胜任新型销售模式的骨干。选准人是关键，因为只有尽早看到成效，才能推动大家跟上。

首批受训的销售骨干不仅要具备基本的销售素质，比如待人友善、积极向上，还要有求知欲、想象力、洞察力及领导力。学过经管专业的，应该已经具备了一些商业思维。另外，领导力也可以在其简历中有所显现，比如过去担任过学生会主席或橄榄球队的四分卫。

此外，选择首批培训对象时，还要结合客户情况。由于为客户创造价值的销售模式需要时间逐步推进，因此只能从少部分客户开始试点，一定要选那些合作关系好而且价值创造潜力大的客户。

最后，不要被年龄误导。很多人有种偏见，认为年轻人可塑性强，而且更有热情尝试新事物。但事实上，有经验的销售人员也许更能发现新模式的精妙之处，更愿意学习掌握必要的销售技能。卢·埃克尔斯顿曾经担任汤姆森金融公司全球销售、市场及服务总裁，他认为销售转型成功的关键在于，销售人员必须能够灵活机动，坚持不懈。

埃克尔斯顿说："是否能掌握新的销售模式与年纪无关，我们销售队伍中的精兵强将，都在公司工作了很多年。其实，与性格也没多大关系。归根到底，最为关键的是心态，要有意愿改变自己，实现成长，而不是只想墨守成规，图个安稳。"

最为理想的就是从高潜力的销售骨干开始,从他们负责的还有潜力可挖的重点客户入手。当然,如果必要,也可以考虑把部分重点客户交给他们负责。

培训设计把握关键

对于销售人员来说,销售转型意味着思维方式以及行为习惯的根本改变,因此培训得能让销售人员在思想上发生触动,在技能上得到强化。照本宣科的培训方式显然是不行的,必须结合实战案例及实操练习。讨论实战案例、分享见解心得、角色扮演式的实操练习,才能促成思想的改变。建议培训中,授课只占20%,把80%的时间用于实战练习。

很多销售人员做业务靠直觉和洞察,但新型销售模式需要销售人员加强数据分析、逻辑思考的能力。这听上去也许会让人望而生畏,产生顾虑,这种担心很可能成为学习的障碍。有时商业术语也会让人摸不着头脑,比如造纸企业在描述销售规模时,常用吨数而不是销售收入;银行常用的概念则是资产。组织培训时,要有意识地缓解大家的顾虑,告诉大家这些概念并不难。当然,只有最终学懂,大家才会真正树立信心。

此外，在艰难的转型过程中，销售人员还需要持续的支持与指导。Unifi公司刚开始推动销售转型时，销售人员感到困难很多。当时是由CIO本·霍尔德负责销售培训工作。他回忆道："培训之初，连让销售人员跟我们沟通都是十分困难的。他们非常紧张，刚开始的几天，有人说话都打颤。面对所有公司高管讲述客户及其业务状况，的确不是件容易的事。"

为了缓解紧张情绪，霍尔德请大家在培训时从自己最喜欢的客户入手，用简单、易得的信息对客户做一个基本描述，然后再向高管及其他参训同事展示。他说："一旦他们开始介绍，事情就发生了转机。在其介绍的过程中，你就能够看出他们的综合素质，了解到他们是如何思考问题、如何看待客户、如何分析市场的。"

"对于销售人员来说，收集了解客户的财务状况无疑是最为困难的挑战之一。即便如此，我们也从来没有空手而归。有时我们会直接找客户要，有时也会与信贷机构及其他公司进行核实。有时了解客户的设备选择也很有帮助：我们可以从中判断客户能生产什么产品；结合单位生产成本及设备产能，就能判断其成本规模；然后就能大致推算出，客户从竞争对手那里买了哪些原料，买了多少。

霍尔德认为，如果说收集信息是首当其冲的挑战，那么在分析客户业务时，要改变思维方式则是更大的挑战。

"原来销售人员做业务主要靠直觉，现在要让他们分析财务数据，依此制定客户规划，思考如何为客户创造价值，用数据分析支撑其业务直觉，难免让他们觉得很不适应。在培训中，我们要向他们解释，如何全面地分析客户及自己公司，为何任一方面都不能有所偏废。我们用翔实的数据分析，向他们展示了公司的经营状况、市场环境、竞争态势以及重点竞争对手状况，希望他们在分析客户时，也要用同样的方法。另外，要想真正理解客户，还得深入理解客户的客户。总之，我们希望最后他们能够提交一份客户业务计划（即本书所说的客户规划），深入分析市场状况、客户业务及竞争态势；梳理开展业务面临的挑战，以及需要什么帮助及谁的帮助；然后再预测客户及竞争对手可能的反应。"

很多高管与销售人员一起参加了培训，该公司 CEO 布莱恩·帕克更是每次必到。他明确告诉其他高管，销售培训是他的首要工作，希望他们也能同样予以高度重视。

霍尔德说："这对公司其他部门的触动也很大，各职能部门的主管也都行动了起来，因为他们知道这是躲不过去的。销售人员对此非常欢迎，他们感到自己在公司内部的地位得到了提升，在为客户服务时肯定能得到各个相关部门的有力支持。"

Unifi公司的跨部门会议制度及协作方式，最终形成了有效的"组织人际网络"。霍尔德认为："现在，公司各个部门都在并肩作战，努力支持销售工作，因为大家知道这对业务规模的增长、市场份额的提升以及获得溢价的空间非常重要。每个人都在积极探讨如何才能促进销售。当然，我们的组织人际网络还存在缺陷，远未达到新型销售模式的要求，但大家已经转变了观念，越来越多的人意识到落实转型的重要性。得到的支持越多，我们的发展势头就会越好。"

培训内容关注重点

要让销售掌握为客户创造价值的销售模式，培训内容需要根据经验积累，对教学方法、案例选择及培训练习进行不断调整，确保培训的有效性及参训人员的能力提升。在推动转型的过程中，也会遇到业务受阻的情况，比如客户规划被客户打回来。这些都是极好的实战案例，可以用于培训练习。但无论怎样，培训内容都要重点关注以下这些知识及技能：

- **收集客户信息**，即为了准备客户规划，需要哪些客户信息，如何得到这些相关信息。在销售转型的初期，培训内容应该包括客户规划的内容结构及形式模板。每家公司的客户规划都会不尽相同。在信息收集阶段，关键能力在于能与客户建立信任关系，提出正确的问题，并且知道应该向谁寻求答案。此外，还要提升销售与采购部门之外的其他客户打交道的能力。课堂讨论应该围绕哪些信息是最重要的，为什么重要；收集信息的障碍是什么，如何克服；如何及时跟进客户最新情况，有什么好方法等内容展开。

- **制定客户规划**，即如何借助那些貌似零散的信息制定客户规划，为客户创造价值。需要强调的是，收集信息和制定规划不是一蹴而就的，而是循环往复的过程。其中需要多次拜访客户，挖掘其他信息渠道，与同事一起查漏补缺，分析探讨各种方案的细微差别，为客户量身定制解决方案，确保真正为客户创造价值。

- **加强团队合作**，即如何与各部门同事建立良好的合作关系。要想为客户创造价值，各部门间的紧密合作是前提。销售人员需要其他同事帮助，一起评估客户信息，共同探讨如何满足客户需求及业务要求。这种紧密合作能够充分发挥全公司的整体实力，为与客户建立更为广泛及深入的关系打下坚实的基础。彼此之间的沟通探讨对于之后是否能真正为客户创造价值，会产生重大影响。要培养销售人员的沟通技巧，让他们能与意见不同的人进行交流。

- **学习商业语言**，即运用商业语言，深入了解客户业务。对此缺乏认知，是无法确定产品的合理定价及客户的预期收益的。销售必须对客户需求了如指掌，根据客户规划中的信息，借助各部门的专业能力，制定真正能为客户创造价值的价值定位，并且能够用客户的语言，描述定性及定量的客户预期收益。价值定位应当既有独特性，又能带来合理的利润空间。

- **增进双方互信**，即建立及提升自身与客户之间的信任关系的能力。销售人员要充分认识到，与客户建立并保持长期的关系网络的重要性。拿到订单不是终点，客户关系要持续维护。同样地，完成客户规划也不是结束，而是循环往复、不断修改提升的中间成果。只有这样，才能真正为客户创造价值。

- **树立TVO概念**，即不再局限于降低成本，要从TVO（总体拥有价值）的角度，全面思考能为客户创造哪些价值，尤其是增加销售收入以及提高利润空间。如果能为客户提升品牌价值、市场份额及现金流，销售也要能够加以量化说明。这是培训重点之一，在培训结束时必须要进行考核，如果考核结果不佳，还需要对其进行额外辅导。以我的经验，精于此道的销售人员，往往能够制定出优质的价值定位，更有可能在实际工作中取得佳绩。

培训方式强调练习

要想学习能为客户创造价值的销售模式，就必须付诸实践，反复练习。练习时，要尽量模拟实战。培训中提供的数据应当是不完整的、凌乱的，甚至有可能是令你晕头转向的，因为现实就是如此。Unifi 的经验表明，培训过程中要与学员进行深度互动。课程资料通常要在课前，以书面形式提供给学员阅读。课堂上的时间应该更多地留给学员，让学员对书面资料中的观点进行讨论，并讨论如何根据不同情况，在实际工作中灵活运用。此外，还要留出足够的时间，让培训老师为学员答疑解惑，帮助他们扫除心理障碍。

大多数销售人员及非财务部门的人员不知道如何去分析财务报表，也许不熟悉与客户业务相关的术语及概念，如市场营销、业务运营、产品研发等，还可能不善于去分析市场状况、竞争环境和行业趋势。这些内容都可以在培训中教授，通过与客户相关的实际案例帮助学员加以练习。可以让学员组成跨部门的学习团队，练习如何从文件档案及数据库中调取所需信息，分析还有哪些信息缺失，了解怎样制定客户规划。

在跨部门学习团队中，学员可以相互请教，取长补短。与其他部门同事建立良好的合作关系，会令日后的销售工作受益良多。通过实战练习，学员会对工作中可能遇到的困难有所准备，对收集信息制定规划这一循环往复的过程有所预期。

培训老师要密切关注跨部门的团队互动，不仅要保证学习效果，还要确保良性的团队氛围，看看是否有人过于强势，妨碍他人表达观点；是否有人过于内敛，没对团队有所贡献。必要时，要对学员进行一对一的辅导，因为有些问题他们可能不愿当众探讨。

培训老师主要应当是公司管理层。在我看来，最好是公司高管，尤其是CEO和CFO。他们不仅能讲授基本概念，比如客户的盈利模式，还能在培训过程中评估销售队伍，发掘优势，发现问题。中层领导也很好，因为他们与学员背景相似，对销售及来自其他部门的同事非常了解。授课时，他们可以用大家熟悉的事情举例，解释个中缘由，做出分析判断，而且也有更多的时间回答问题或进行个人辅导。此外，还可以邀请外部嘉宾授课，比如客户公司的高管、某方面的专家及咨询顾问，请他们分享各自的独特视角、专业知识或最佳实践。

如果能有幸请到客户公司的高管，以及已经完成销售转型企业的销售人员，就再好不过了。例如，华尔街的各家金融机构，都在推行为客户创造价值的销售模式，只是各自的叫法不同而已。嘉宾授课时间应不少于90分钟，20分钟介绍自己的工作职责及相关经验，留下70分钟与学员提问互动。在邀请客户公司的高管时应兼顾两类人，一是销售人员经常打交道的，二是销售不常交往的，比如财务及运营部门的领导。后者特别重要，因为他们能告诉销售人员，客户是如何看待价值定位，如何考量预期收益的。

付诸实践持续提升

我们都上过学，上完课毕了业，真正的工作就开始了。学习实践为客户创造价值的销售模式也是一样。在培训课堂上、在老师指导下，会学习很多知识，但最终还得经受实践考验，在实际工作中不断提升，实践出真知。真正应用新的销售模式，销售主管及各部门负责人都会遇到困难挫折甚至感到失望，这是非常正常的。

学徒的培养，需要有经验的师傅带。在推动销售转型中，CEO、CFO及业务主管是很有经验的师傅，他们知道如何利用公司的产品及服务为客户创造价值；他们对公司的各个职能、技术能力及成本结构了如指掌，能够为客户量身定制解决方案，并确定合适的价格。在实践中提升，需要定期的集中练习，有家公司就用这种方法取得了非常好的效果。该公司的CEO和CFO挑选了25位销售人员，并将之分成了5个小组。他们每天花90分钟，轮流与各小组讨论其提出的价值定位，分享他们每个人的看法和建议，并指导小组完成客户规划。5周后，即与每个小组讨论了5次之后，CEO和CFO发现，销售人员不仅能够熟练使用这种新的销售方法，还在彼此之间建立了良好的协作关系。通过5周的实践，高管们可以清楚看到，哪些销售已经明白了，哪些还没有，哪些完全不能转型。

然而，并非所有的CEO和CFO都能投入那么多时间来培训团队。其实，只要时不时地抽时间给学员一些建议和指导，他们就很可能在整个公司营造出以客户为中心的氛围。如果有时间，他们可以亲自参会；如果没有，通过电话会议参加也可以。

宣传推广成功经验

如果转型之初选对了销售骨干及试点客户，那么很快就会出现成功案例。对此一定要加以宣传推广，因为成功实践能够振奋军心、消除疑虑，用事实证明新型销售模式的有效性。很多公司会让公关部负责宣传推广，在此我将介绍几个非常有效的方法。

例如，通过公司内部播报，向全公司介绍成功经验，即通过某销售团队接触客户、收集信息的实际经历，让大家看到制定客户规划、为客户创造价值的过程，感受到其中的收益及乐趣。此外，还可以以每周在公司网站上发布销售团队在实践中总结出来的实用技巧和小窍门，或者每季度或半年举行一次相关展览，专门用以宣传销售团队的成功经验。当然，通过升职、加薪和其他方式给予认可和奖励，也是很有用的方法。

衡量评估转型进展

你要有充分的思想准备，推动销售转型是一个艰难且漫长的过程，不仅投入大而且困难多。例如，如何帮助销售团队转化思想就很可能是首要的障碍。如果对可能遇到的种种问题有充分的预案及准备，如果能在过程中予以密切关注、防微杜渐，那么转型将会顺利得多。

第一，要确保销售人员能从客户的角度，量化描述自身产品及服务能给客户带来的预期收益。与传统销售方式相比，为客户创造价值的销售模式需要的周期更长。这意味着，在这个过程中，销售人员在实战中运用所学财务知识及分析能力的机会不是很多。对这些技能方面的欠缺，你要留意观察，通过日常的培训及测试加以弥补及巩固。

第二，要改变销售人员习以为常的单打独斗的工作方式。真正为客户创造价值，特别需要跨部门协作。销售人员在要求其他部门配合时，会感到非常别扭，因为自己对其他部门并没有领导权限。

与此同时，由于销售人员独立工作惯了，他们往往缺乏全面分析客户组织、把握决策机制及与关键人物打交道的能力。

大家常犯的错误是，误认为"关键人物"就是级别最高的领导。其实很多时候，真正做决策或是对最终决策有重要的影响的人，级别并不那么高。

第三，要提高销售分析信息以及在组织内部有效分享的能力。你需要帮助他们更清晰明确地与团队沟通。

随着时间的推移，培训会逐渐走上正轨，更加正式、更成体系。这时，就可以考虑安排认证考核，确保受训人员都能真正理解为客户创造价值的销售模式的基本概念及实用方法。

在衡量销售人员能力时，传统销售模式只会采用些简单的工具。新型销售模式对销售人员的要求，虽然相对较高、较为复杂，但也有很多方式方法可以进行评估。

新型销售模式特别强调，销售人员必须在客户及自身组织内部建立广泛的人脉关系，因此这是衡量销售人员及销售经理能力的重要维度。通过访谈及问卷调查寻求客户反馈，就是很好的评估方法。销售团队需要找出成功及失败的原因，及时总结经验和教训。你可以分析销售成功率及其背后的原因，尤其是要深入探讨那些报价最低却丢掉订单的案例；你可以评估销售人员在把握客户决策机制、确定关键决策人以及深化对内对外沟通方面的能力；你还可以在问卷调查时，着意考量销售人员是否与客户的业务部门建立了良好的互动关系，是否对客户的客户有一定的认知。

内部的沟通机制对销售转型也同等重要，其中包括信息收集及分享、销售对产品及服务的及时了解等。销售人员与客户见面的频率也可以反映他们对客户的支持力度。定期的自我评估也可以帮助销售人员反躬自省，剖析自己的销售技能，以及对新型销售模式的把握。

下面给大家推荐些评估销售转型进展及成效的方式方法。评估既要准确有效，又要简单易行，即使每季度评估一次，也不会耗费太多精力。

- 采购比例[⊖]。这无疑是最重要的衡量指标，但有时很难获得，而且不能及时获得。与之同属一类的指标，还有销售收入增长及利润水平提升，这反映了销售是否能够实现溢价。
- 客户收益。要对客户逐一分析，看看此前承诺的预期收益是否真正能够达成。
- 客户信任。可以通过问卷调查，请客户高管对销售

[⊖] 采购比例是指某一供应商在客户总采购量中的比重。——译者注

团队及销售经理的信任程度进行量化评估，比如用1～10打分。

- **主动联系**。记下客户主动与你联系的次数。这反映了客户是否会征求你的意见，探讨目前及未来的业务机会。
- **内部协同**。这是意在衡量，销售人员能否有效调动内部各职能部门为客户提供服务。可以通过问卷调查，请各职能部门对销售进行量化评估，比如用1～10打分。
- **培训认证**。销售人员参加培训及获得认证的比例。
- **创意贡献**。这是意在衡量，销售人员能否在其他职能领域提出好的建议，比如产品开发、服务设计、定价调整、效率提升以及技术研发等。可以通过问卷调查，请各职能部门对销售进行量化评估，比如用1～10打分。
- **客户认同**。这是意在衡量，在客户看来，销售人员能否真正了解其业务运营，其中包括决策机制及业务重点。可以通过问卷调查，请客户对销售团队进行量化评估，比如用1～10打分。

大力招聘新型销售

随着销售培训的逐渐推进,你会发现并非所有人都能达到新型销售的要求。有些人虽有热情,但没能力,对此你只能忍痛割爱。有些人能力很强,会得到晋升,或是被其他公司挖走。总之,推动销售转型必须面对的问题,就是从哪里找到合适的新型销售人才。

这个问题其实不难解决。有需求就会有供给,市场上不乏经管专业毕业且有经验的销售人才。如果招聘初级销售人员,我建议找对销售工作有兴趣且有一定商业头脑的经管专业本科生。招聘可以安排测试,看看性格是否适合,是否具备较好的业务及财务分析能力。对学生的要求,当然也不能太高。进公司后,要培训他们,挖掘他们的领导潜力。对于那些订单规模高达数百万美元的重点客户,也许有必要招MBA,挑选其中性格适合、具有商业头脑、能够挖掘信息、善于团队协作的人。如需更有经验的人,咨询公司也是个不错的选择。对此你要谨慎从事,因为不合群、没有团队精神、不能与人建立互信关系的人,是无法在销售的岗位上取得成功的。

外部协同共创价值

如果销售人员是公司员工，那么可以通过招聘、培训及激励等方式，推动销售转型。但有很多小企业自己并不做销售，而是依靠独立的销售代理公司。如何影响它们呢，让它们愿意与你合作呢？估计你已经猜到了，秘诀就是为其创造价值。蒂姆·埃亨（Tim Ahern）就是这么做的。他用新型销售模式为这些独立的销售代理公司创造价值，然后再通过它们，为最终客户提供解决方案。

1997年，埃亨买下了伯克公司，一家专门为学校及市政府生产操场设备的家族企业。他过去就职于大型企业，那些企业的销售团队通常规模庞大。来到伯克公司，需要和独立的销售代表合作，其间巨大的差异令他备感震惊。

他说："独立销售代理通常是1～6人的小公司，公司老板也得亲自上阵。这些公司资金有限，没有正规的业务计划；人手短缺，没有足够的销售人员。我原以为，所有公司都会希望不断发展壮大，其实并非如此。因此，我必须与这些公司的负责人深入沟通，了解他们的业务目标以及对未来的打算。如果双方目标一致，就可以深入合作，我们就会帮助对方成长；如果存在明显分歧，我们就需要寻找更为合适的合作伙伴。

后来，埃亨有幸找到了杰伊·罗伯茨顿（Jay Robertson）。罗伯茨顿住在得克萨斯州达拉斯市，曾经负责操场的施工建设。埃亨买伯克公司时，他才接手销售工作不久。在罗伯茨顿看来，该公司的设备质量很好，但伯克家族却无心经营，只是想把公司脱手。因此，当埃亨买下伯克公司时，罗伯茨顿心中难免有些忐忑。

罗伯茨顿说："当时我有些担心，因为自己在销售方面还没什么经验。好在没过多久我就发现，埃亨的确是真心关注业务发展，不仅仅是自身发展，而且还包括销售代理公司的发展。真正关心代理商的厂家，实属凤毛麟角。"

埃亨回忆说，他对罗伯茨顿夫妇逐渐产生了好感。他们夫妻俩在达拉斯共同经营着"儿童游乐"公司。

埃亨说："第一年的时候，夫妻俩很艰难，时常连货款都付不出来。但双方一直保持着良好的沟通互动，我们要求的，他们都会做；出现问题，他们也会及时告诉我们。我们甚至连电话都不用打，因为他们会主动跟我们联系。那时我就知道，他们不仅关心自身发展，也尊重与我们的合作。"

为了帮助他们俩，埃亨专程去了趟达拉斯。罗伯茨顿开着皮卡带他在达拉斯转了一圈。这一路，埃亨有了两大发现：一是罗伯茨顿天生就是做销售的料；二是他在监督操场建造及设备安装上，花的时间太多了。

埃亨问罗伯茨顿："你为什么不拿出更多的时间做销售？"

罗伯茨顿回答说："我必须确保安装质量，所以时间都花在这上了。"

埃亨按照为客户创造价值的销售思路，不断询问罗伯茨顿对什么有兴趣，对时间如何管理，对公司未来有何打算，直到罗伯茨顿自己找到了问题的答案：应该雇用专人负责监督设备安装，让自己有更多的时间用于销售。

罗伯茨顿说："埃亨让我明白，我必须明确重点，有的放矢，过去我从来没这么想过。他不会一味地逼我们提高销售，而是会花时间到达拉斯来跟我探讨业务。他给我带来了外部视角，帮我制定了长远目标，还帮我厘清了什么工作是重要的，哪些是要改正的错误，哪些是要发扬的优势。"

埃亨对自己的贡献则表现得很低调："我做的只是浇水而已，主要是靠他们自己。1997年，整个行业几乎没有增长，而罗伯茨顿却逆势飞扬，销售额增长了10倍。虽然我们做的不是什么大买卖，但这样的增速仍然十分惊人，这说明我们找到了真正行之有效的销售模式。"

现在埃亨正与罗伯茨顿密切合作，确保双方协同，为客户创造价值，为其提供解决方案争取溢价空间。他们设计的价值定位包括：产品质量、按时交货、准确安装、终身保修及免费换件（既免材料费也免人工费）。凭借这样具有吸引力的解决方案，伯克产品的报价能比竞争对手高十几个百分点。

对此，埃亨解释说："经营这种商用操场设备的总体拥有成本，除了采购成本，还有很多一部分是维护、维修及换件的成本。很多政府及学校都没有充分意识到这一点，当你把这些相关费用算出来，并告诉他们我们会提供终身保修时，他们还会有些怀疑。销售代理的重要职责就是与客户沟通，帮助这些潜在客户理解我们的解决方案，认识到我们为其创造的价值。如果客户最终选择了其他厂家，说明我们的沟通工作还没有做到位。不选我们，真的是客户的损失。"

要打造优秀的销售队伍，必须在招聘及培训方面付出坚持不懈的努力。销售培训应采取体验式学习，在关键点上要反复练习。在过程中，公司高管必须亲自参与，用实际行动表明他们对培训及销售转型的重视。

销售转型，人才为先。培训不到位，整个转型工作就会功亏一篑。当销售人员与客户沟通时，培训效果就会展现出来。第6章会详细阐述，如何学以致用，以获取订单。

第6章
What the Customers Want You to Know

学以致用,获取订单

斯特吉斯公司推行销售转型已经半年，查理也随之发生了脱胎换骨的变化。他通过了培训认证，并将之付诸实践。新的销售模式重新点燃了他的工作热情。他欣喜地发现，那些他已认识多年的采购朋友不仅对公司有深入了解，而且不清楚的信息也会想尽办法加以了解。现在查理在与他们交流时，会提出不同以往的问题，并通过他们的回答加深对其公司业务的理解。与此同时，查理也会自己做些研究。尽管对财务分析还有些发怵，但总的来说，查理已经取得了长足的进步。

过去几个月，查理一直在密切跟进一家新客户，为此还召集了一些对新的销售模式具有同样热情的同事，组成了跨部门的销售团队。大家齐心协力，共同收集相关信息，一起陌生拜访客户。经过几次集体讨论，大家锁定了客户业务发展的首要任务，即如何在巨大的竞争压力下，实现近10%的销售增长。头脑风暴之后，大家找到了能帮助客户提升销售的解决方案，即利用自身技术实力，帮助客户占据技术方面的制高点。

接下来，就要与客户沟通，说明解决方案及其价值定位。这远不是开车到客户总部，做个PPT陈述那么简单。整个团队都要参加，而且根本不用PPT。查理会先做个开场白，然后每位团队成员都要逐一介绍解决方案及价值定位中与之相关的部分。最后，查理会做个小结，具体且简洁地介绍客户的预期收益，其中包括直接效益、财务收益，尤其是如何能够助力销售增长。CFO 也会做好准备，亲自参会，详细阐述这些预期收益会对客户利润表及资产负债表产生哪些影响。

向客户展示之前，销售团队要反复演练，直到一切烂熟于心。此外，他们还要考虑客户可能会提什么问题，会有什么不同意见，会对解决方案提出什么调整要求，并就这些预期情况，制定好应对策略。即便这次沟通不能立刻拿到订单，大家也不会感到灰心失望，因为他们知道自己的方法是正确的，获取订单只是迟早的事。

* * *

根据客户需求及工作重点完成客户规划之后，就要开始准备销售提案了。这与销售人员习以为常的传统模式截然不同，前期需要很多准备工作，原因有两个：一是，现在的销售工作是团队作战，彼此之间需要沟通协调，事先做好计划；二是，拜访客户前需要收集大量客户信息，并在分析的基础上提出真正能为客户创造价值的解决方案及价值定位。这肯定比到客户那里直接说"我们就卖这个产品，你们看给多少钱合适"要复杂得多。拜访客户时，一定要让客户清楚感受到，你对他们的业务非常了解，你的解决方案能切实给他们创造更多的收益。

拜访客户是进一步观察及深入沟通的机会。不能指望仅靠一次拜访，就能拿到订单。销售人员通常需要根据客户反馈，修改解决方案及其价值定位。要想真正为客户创造价值，这种持续完善及优化是核心。

如何准备销售提案

由于之前你做了大量的信息收集及分析工作，因此你在准备提案时会有一种强烈的冲动，想要客户知道自己所付出的努力。对此，你要有意识地加以防范。不必堆砌太多数据，只需呈现能为客户创造价值的解决方案。客户从中自然会看到你及整个销售团队的勤奋与思考，看到你们对其业务重点的准确把握。给客户的销售提案一定要简单易懂、简明扼要。

向客户介绍销售提案时，通常会从销售团队领导开始，先做总体概述，即所提方案将会如何帮助客户解决问题或把握机会；然后再由团队成员根据各自专长，向客户具体介绍所提方案将会创造的实际效益，比如缩短交货期、减少库存量、提高销售有效性等。

XRoads 集团是一家专业服务公司。在 CEO 丹尼斯·西蒙（Dennis Simons）的带领下，该公司推行为客户创造价值的新型销售模式已经好几年了。他发现，销售提案应有明确的主题，比如降低库存或融资成本等。用这个主题统领整个提案，并在总体目标指引下，提出具体举措，比如解决物流瓶颈、优选供货商、降低库存、减少资金占用及资金成本等，是很好的呈现方式。销售团队成员会根据自己的专长进行分工，分析制定具体举措并准备相关案例，必要时可用几分钟向客户做简要说明。如果你能介绍下其他公司经验，"我们在其他公司曾经做过类似的举措……"这会使你的提案更具体、更具说服力。各项具体举措是个有机的整体，都服务于统一的主题。对此，整个销售团队应达成充分的共识。

在向客户介绍提案之前，销售团队领导应制定一些基本原则。例如，其他成员陈述时，是否可以打断？回答客户提问时，应当如何分工？如果方案需要调整，相关负责人是否可以当场提出建议？

为了更好地帮助团队成员了解各自的角色分工，在向客户介绍提案前，需要演练几次。可以邀请其他同事参加，请他们多提宝贵意见，避免提案过于复杂或模糊不清。事前演练是非常重要的，能帮助销售团队预见客户可能提出的问题，练习在客户拜访中如何相互配合。大家还可以借此机会，深入剖析竞争对手，比较各自方案的优劣势，看竞争对手能否真正解决客户所面临的问题。此外，大家还要商定，如果客户提出调整意见，哪些可以当场解决，哪些必须会后分析；如果可以当场解决，应由谁来拍板。

上述准备之后，销售团队还需要对客户方的参会人员有所了解。此时，如果最初的客户分析到位，你就会知道对方的主要决策人及决策机制；如果尚不清楚，就得大致估计哪些人会参与决策、哪些人会参与意见，以及他们可能的态度；如果预计到会出现反对意见，那么应当如何应对；如果反对只是基于直觉或个人偏好，那么引用详细数据及具体案例，就能很好地解决。

如何促成深入沟通

最重要的时刻终于来了。演练之后，就是实战了。正式提案是新型销售模式的关键环节，能检验此前信息收集及分析工作是否到位，设计解决方案时是否体现了团队协作，平衡客户及自己利益时是否做出了明智的决策。关键在于要向客户证明,你们有足够的专业知识,有极大的热忱,能切实帮助客户解决实际问题,把握发展机遇。

INFONXX公司的副总裁克莱顿·利亚巴顿说:"我们提出了'无法抗拒'的概念,即在正式提案时,派出由销售领导以及深谙运营、技术及其他相关领域的专家组成强大的项目团队。目的不是为了人多势众,而是要充分展现我们的业务能力。各个领域专家的出席,能够极大增强客户运营、财务、技术等部门对我们的信任。如果这些专家能赢得客户的认同,他们以后还能与客户增进交流,获得更多的信息。通常,一次提案之后,至少会有一位专家能引起客户的兴趣,能促成之后的双向沟通。"

必须再次强调的是,一次提案并不一定就能立即拿下订单。即便没有当场签单,但通过这次沟通交流,肯定对客户有了更多的了解,更清楚地知道之后应当如何修改完善,让你的解决方案能够更好地服务客户、吸引客户。

预期收益的定量估算非常重要,因此团队之中必须要有人精通财务。正式提案时,如有客户CFO或其他财务人员在场,最好安排他们就近落座。财务人员通常最为保守,总在思考采购费用应从哪里出，你的方案究竟能创造哪些价值，对现金流及信贷会产生哪些影响。当他们心存疑虑时，可以让你团队中的财务专家与之面对面地直接交流。如果双方能形成良好互动，还可以让财务专家与其会后单独沟通，看看他们的顾虑会不会影响最终决策。

正式提案的呈现方式很多，不一定非得是PPT。也可以考虑把关键内容印成小册子，在开始陈述前，分发给所有到场的与会人员。在关键要点处，要留下足够的空白，以便客户做笔记。陈述时要简明扼要、重点突出，并鼓励客户随时打断，提出问题。

会前准备充分，会议就能进展顺利。但会后，真正的工作才刚刚开始。深入沟通的过程中，客户会透露很多想法，能帮助你思考如何更好地回应。高效沟通的关键在于听，而不是说，团队领导尤其要培养听的能力。例如，客户中谁问了什么问题？客户意见的主旨是什么？是否存在客户特别关心的业务重点，是你之前未加留意的？如果客户对某个技术细节提出质疑，这不是什么大问题；如果他们对你认为正确的业务重点有不同意见，那就严重了。你是否能从客户的提问及意见中，判断他们是否认同你的基本假设？你在制订解决方案时，是否有所疏漏？客户高层是否在调整战略定位，使得原来的解决方案变得对客户不那么有价值？客户主要决策者是否特别关注某个方面，但你们团队之前却没有进行仔细研究？此外，大公司对于小供应商还存在一种普遍的担忧，即某个关键人物离职、生病或被挖走，会不会导致整个解决方案无法正常实施。

在与客户沟通的过程中，你要做好笔记。这不仅对会后的工作非常必要，而且也能向客户表明，你的确在仔细倾听，认真记录他们的意见及建议。客户提出的异议就是会后工作的指引，团队成员可以依次与客户进行后续跟进。沟通过程中，你应当适时重复客户的观点，让客户感到你在听，而且正确地理解了他的意思。回答客户问题时，要注意在最后问一句："我是否回答了您的问题？"此外，你还要留意客户重点强调了哪些内容。强调的重点不同，也会透露出意见的不同。

XRoads集团的CEO丹尼斯·西蒙（Dennis Simons）就能时常发现客户内部的重大意见分歧。其实，只要详细了解解决方案，他们就会看到各自不同的诉求都能得到满足。他说："有时候客户最终采取的是集体决策。他们会共同探讨，力求不带成见，客观做出决定。我们希望帮助客户营造前所未有的决策氛围，兼顾每个人的想法，满足每个人在工作及个人方面的不同诉求。"

当然，与客户开会也会跑题、兜圈子，甚至陷入僵局，这就需要销售团队的领导人挺身而出，适时将讨论带回正轨。你可以引导大家重新聚焦于解决问题，比如问："要解决这个问题，还有什么其他方法吗？"或者可以深入挖掘客户深层次的疑虑，比如问："在你们与客户打交道时，会出现哪些问题，面临哪些风险？"

如何挖掘潜在疑虑

有些客户不会直截了当地将其深层次的疑虑对你和盘托出，但这些疑虑会无时无刻地萦绕在其心中。如何挖掘这些潜在疑虑呢？以下三个关键问题，应该是所有客户都非常关心的：

- **你承诺的有可能实现吗？** 大多数客户对销售提案都抱有一种成见，即供应商会"为了拿单，什么条件都答应"。由于很多公司没有接触过旨在为客户创造价值的新型销售模式，难免会对你承诺的解决方案及其价值定位心存疑虑。显然你自己必须对此充满信心，才有可能赢得客户的信任。在实施交付的过程中，随着

- **预期收益是否被夸大了？** 你要记住，预期收益分为直接效益及财务收益两个部分。要打消客户的疑虑，你要准确说明不同收益的实现方式及估算方法。在估算时，客户做出的假设很可能与你的不一样，因此得到的结果也会不同。你可以参考客户的想法，进行适当调整，既可以当场完成，也可以会后再做修改。

- **解决方案是否适合我们？** 尽管在制订解决方案、确定价值定位的过程中，你已经非常努力地在收集各种客户信息，但毕竟无法比客户更了解其自身的情况。客户或许非常认同你的建议，但很可能在落实方面的确存在困难。如果客户明确表明自身能力有限，无法实施你提出的解决方案，你也可以根据其实际情况，进行灵活调整。但有的客户不会这样直言不讳，而是会找些借口将你拒之门外。这该如何判断呢？当客户对你礼貌且合理的问题含糊推脱时，你就要倍加留意了。遇到这种情况，你要坚持不懈，继续收集客户信息，深入挖掘其潜在疑虑，找到符合其实际能力、真正切实可行的解决方案。

如何敲定最终价格

提案时，与客户沟通的重点在于介绍你的解决方案，确保客户认同你的价值定位，相信你能帮助他们解决实际业务问题。只有当双方就解决方案及其预期收益达成共识后，才适合提出价格问题。如果客户要求对解决方案进行重大调整，可以等到修改之后再讨论价格。

在新型销售模式中，报价很可能不是一个数字那么简单。因为整体提案比较复杂，关于价格的讨论可以基于定价方法展开，其中会包含多个变量，考虑多种情况，比如对按时交货或特殊付款条款的奖励方式、对超额实现预期收益的激励政策等。最终要达到的目的就是，双方对此都能满意，都有成就感。

如何推动后续跟进

在传统销售模式中，提案之后要么是成功签单，要么是空手而归。这次失败了，销售就会直接转战其他客户，准备下一个提案。新型销售模式则不同，提案只是一个开始。即便成功签单，销售也必须全力以赴，不仅要按时交货，还要确保此前的承诺全部兑现。

很有可能,客户会在提案时提出一系列新的意见建议。你首先要做的是让客户知道,他们的想法你已经记下了。可以通过写邮件或打电话的方式,对他们的意见进行小结,并相应地列出你们在会上提出的调整建议,让客户真切地感受到你对他们的重视,并愿意尽自己最大的努力修改完善,同时还应该提出下次见面的具体日期及时间。为了妥善解决客户提出的各个具体问题,你需要安排合适的团队成员与客户相关负责人进行后续跟进,进一步说明情况或进行解答。

后续跟进是拓展客户关系的大好机会。你可以约见客户方面的主要决策者,通过面对面的交流,打消他的顾虑;或是约见客户某方面的专家,深入了解具体情况。你甚至可以主动提议签订保密协议,让客户彻底放心,更愿意与你分享。

XRoads集团的丹尼斯·西蒙就是这么做的。有一次他的提案被客户否了,他没有就此放弃,反而主动请缨,要求帮助客户解决其在中国的物流问题。客户答应了。西蒙的团队与客户通力合作,收集信息分析问题,最终提出了切实可行的解决方案,能帮助客户缩短周转时间、改善成本结构、增强市场地位,很好地满足了客户需求。

在后续跟进的过程中，你可以根据需求灵活调整方案范围，让自己的解决方案更好地满足客户的需求。例如，如果客户对你是否能兑现承诺仍有疑虑，你可以提议先从短期合作开始；如果客户的当务之急是现金流吃紧，你可以将重点先放在如何帮助客户提高运营效率上，之后再探究如何促进收入增长。例如，有家咨询公司了解到，某潜在客户有计划打造全球品牌后，就为其制订了具体的解决方案。在推进的过程中，他们发现该客户目前的能力尚达不到要求，于是他们调整了方案，并向客户做了详细说明，建议先从部分地区入手。根据之前的分析，他们相信调整之后，客户取得成功的把握很大。

后续的提案会议在形式上会与之前的大同小异。但随着解决方案的不断完善，双方沟通的不断深入，后面的会议时间会简短一些，而且会更加聚焦于解决具体问题。每一次的调整，都会使销售团队更加了解客户的决策机制，使双方形成更多共识，更有可能达成合作。

如何创造新的机会

一旦拿到订单，进入交付及实施阶段，销售团队就要着手寻找新的机会,思考如何更好地帮助客户成功。也许你只需要在原有方案的基础上稍加修改,或是拓展服务范围,在客户的其他产品、其他地区或其他部门等方面取得突破,只要销售团队保持与客户的密切交流,新的机会就会自然浮现。见面形式既可正式,也可随意;沟通内容也不必每次都谈销售。你可以多跟客户聊聊外部环境的变化,对你、客户以及客户的客户可能造成的影响,共同探讨如何应对挑战、把握机会。这样的头脑风暴,对双方都是有益的。适当的时候,可以由你公司的CEO出面,邀请客户方的各部门代表开个研讨会,深入分析未来的发展机会。

此外,每一次客户提案及后续结果都是很有价值的实战经验,值得其他销售团队学习借鉴。最好的分享方式是公司高管每月开会总结相关的经验教训,并通过网络视频或会议纪要的形式,让大家都能从中受益。而且公司高管的以身作则,也有助于在整个公司打造以客户为中心的企业文化。

第7章
What the Customers
Want You to Know

持续推进，锁定客户

让我们再来看斯特吉斯公司。现在到了 CEO 杰克·加勒特与 CFO 一起制定下一年度财务预算和业绩目标的时候了。公司推动销售模式转型已经 10 个月，尽管在收入方面还没有实现突飞猛进的增长，但杰克对总体进展还是非常满意的。他坚信销售转型很快就能初见成效，公司未来两三年的发展潜力会更大。尽管还需要时间，他也不想为了在短期内节省成本，把必要的培训课程砍掉。随着销售转型的深化逐渐步入正轨，公司一定能实现收入增长，赢得产品溢价。过去两年公司都未能达成收入预期，投资人已经有些不耐烦了。今年，杰克及 CFO 决心扭转此前的不利局面。

销售团队及管理机制的转型都很顺利，财务、生产制造等部门也开始与销售部门紧密合作，在获取新客户方面也有很好的进展，新业务的利润也在不断增长。公司的变化甚至引起了猎头的关注：他们已向两位新近完成培训的销售干将伸出了橄榄枝。

为了持续推进新型销售模式，让其真正在公司生根发芽，杰克还调整了业绩考核及激励机制，要求各部门领导负责培养员工的商业思维，并与 CFO 及 COO 商讨如何监督转型落地，确保转型举措不受短期业绩压力的干扰。现在，斯特吉斯公司仍在转型的过程中，还有很多工作有待完成，但显然已在蓄势待发。对此，该公司所有的客户都能感受得到。

* * *

除非公司高管真的把销售模式转型作为工作重点，否则变革很可能只是三分钟热度。高管必须把销售转型融入所有的管理工作中，比如骨干选拔、业务选择、目标市场及客户聚焦、资源配置、运营考评以及预算编制等各个方面。高管必须拿出足够的干劲与韧劲，才能真正推动变革。

大家必须时常扪心自问：我们真的在帮助客户成功吗？我们是否能从其成功中受益？整个公司必须通力协作，为客户创造价值。有的企业领导可能会考虑改变组织结构，但其实更重要的是高效的协作机制。相关各部门的员工必须密切配合、紧密合作，清楚地知道应该与谁分享客户信息、具体负责哪些工作、如何确定工作重点等。没有高效的协作机制，新型销售模式就无法落地。

此外，新型销售模式还需要人们改变过去的思维定式，从只关注节省成本，转变为同时兼顾收入增长。这一转变会令有些领导很不适应，因为相比节省成本，收入增长具有很强的不确定性。要想实现转变，企业领导就要在激励政策、业绩目标及财务预算中着力体现，在运营管理、预算制定及业绩考核等实际工作中着重强调。

自上而下推动转型

销售模式的改变会带来很多变化，其中压力最大的无疑是销售部门，因此整个销售团队必须要有信心、有能力引领这次转型。要想真正为客户创造价值，需要打破部门竖井，实现跨部门的紧密协作。这需要公司高管尤其是具体负责销售工作的副总裁，具有推动销售转型、推进跨部门协作的能力。对此，CEO应当予以评估，并确保他们有能力领导转型。他们必须以身作则，率先掌握新型销售模式所必需的各项技能。因此，他们同样需要接受培训，通过认证；需要改变理念，调整工作方式。

有的高管可能不愿亲力亲为，不想尝试新型销售模式。但问题是，如果没有身体力行，怎么能知道具体如何应用新的方法，真正为客户创造价值？自己不知道，又怎么能带出新型的销售团队呢？如果销售副总不能以身作则，恐怕CEO只能临阵换将了，同样的道理也适用于其他高管。你也许会担心撤换销售经理会影响客户关系和员工士气，但是事实证明，推行新型销售模式的企业不会出现这种问题。

如果找到了合适的人担任销售副总，你就要逐层深入，了解一下销售经理们的情况。他们是否理解转型的必要性？是否具备必要的理念及能力？目前的心态如何？在他们看来，目前的工作重点是什么？你要确定他们有意愿、有能力推动销售转型。他们至少得善于沟通，对内能够建立良好的跨部门协作机制，对外能够与客户建立信任及良好的互动关系。销售转型需要整个公司的紧密协作，不能因某个人阻碍整个组织前进的步伐。

此外，也要评估销售队伍的组织架构。比如有多少管理层级？通常是三层：销售副总、大区总监及地区经理。你需要重新考虑各级领导应当具备的专业技能以及合理的时间分配。他们自己都需要参加培训、获得认证，并亲自花时间培训自己的销售团队。很多公司的销售副总及大区总监根本没时间投入员工培训，甚至连地区经理的培训都不曾过问，但新型销售模式要求各级领导必须亲自参与培训工作。只有领导亲力亲为，现身说法，销售转型才能真正扎根。外部培训师只能起到辅助作用。

除了自己掌握新型销售模式并帮助团队学习之外，销售领导还需要从其他方面入手，推动销售转型。例如，建立学习交流机制，让销售人员分享各自的经验教训。再如，考察销售队伍，看看哪些人能够适应新的销售模式，哪些人不能，不能适应的应当及时调换。因此还须招聘新员工，并确保新员工能够完成整套培训。此外，他们还得调整激励机制，协调其他部门工作，保证在需要时销售人员能够获得必要的支持。

建立组织支持体系

为客户创造价值的销售模式需要团队协作。没有其他职能部门的支持、帮助及快速响应，单靠销售人员单打独斗是无法取得成功的。公司高管要对此负责，建立起有效的跨部门协作机制。

要实现跨部门协作，销售人员面临的最大挑战就是：如何在其他职能部门树立威信，赢得支持。过去的运营模式是各自为政，即销售人员与客户沟通问题、承诺解决方式，然后把相关具体工作丢给其他职能部门处理。但问题是，诸如运营、财务及法务等其他部门各有各的工作目标及办事节奏，未必能按销售人员期望的那样予以处理。例如，遇到定价问题，销售人员与财务部门往往摩擦不断。有些销售部门的领导认为财务部门决策过慢，而且常常对客户需求置若罔闻。在新型销售模式下，各职能部门的专家要在销售人员的带领下团结协作，公司高层要密切关注各部门间的合作情况。可以考虑每月对销售人员进行调查，了解其他部门是否配合，还有哪些方面、哪些部门需要改进。共同制定创造价值的客户规划是个很好的切入点，但仅靠这个还不够。公司高层还要亲自参与培训，现身说法；还要在实际工作中，以身作则。

此外，各个部门都要从真正为客户创造价值的角度，重新审视自身应当发挥的作用，主动调整原有工作方式。例如，法务部门可以考虑，如何通过简化合同或在正式提案前与客户法务部门达成共识等方式，有效缩短合同讨论所需的时间；财务部门可以考虑，如何教授销售人员做财务分析及成本收益分析，帮助他们更好地了解客户。他们还可以主动拜访客户财务部门，与其建立起长期信用审核机制，有效促成双方在正式提案后，迅速就关键合同条款达成共识。

市场营销部门也发挥着至关重要的作用。他们要筛选聚焦优质客户，要深入挖掘客户的真正需求，并在此基础上确定优化公司可以提供的产品及服务。这听上去很容易，不就是选择客户，挖掘需求吗？但要做好，其实并不容易。而且这项工作意义重大，会在很大程度上决定其他营销工作的有效性，比如广告、品牌及公关。

对此，建议市场营销部门要先了解整体市场状况，然后再深入研究各个细分市场。这样做有以下几个好处：第一，便于比较各个不同细分市场，从中发现可能存在的联系；第二，便于比较不同细分客户群的支付意愿，从中发现最有可能支付溢价的群体，并思考如何实现差异化竞争；第三，便于比较各个不同细分市场中的竞争态势，聚焦主要竞争对手，深入分析其市场定位及营销策略，并思考如何各个击破，赢得更多的市场份额。

要实现销售模式转型，真正从为客户创造价值的角度推进销售工作，就必须建立强大的组织支持体系，尤其是要对客户进行深入研究，而且对客户的客户也要予以足够的重视。例如，客户的产品及服务有10个组成要素，那么其中究竟哪一个或两个，是最终决定其客户是否购买的关键要素呢？

增收节支双管齐下

很多高管都清楚，在收入不变的前提下，只要能降低成本，就能提升利润。因此，在改善经营业绩时，他们通常会采取较为熟悉且风险较小的降低成本的方式。但事实上，降成本的空间是有限的。如果削减成本力度过大，就会影响企业在创新方面的投入，继而会影响企业未来的增长潜力。为客户创造价值的销售模式能有效帮助企业提升收入，但同时也需要追加投入。于是问题就来了：你愿意为提升收入，多花些成本吗？企业在考虑如何提升经营业绩时，不能有所偏废，不能只看节支忽略增收。

例如，某家公司共有10位销售人员，其中两位是明星销售，可为公司带来可观收入，年薪为25万美元；其他有六位销售人员做得也不错，但业绩远不及明星销售，年薪为15万美元；剩下的两位业绩平平，跟不上市场的变化，年薪为8万美元。要是把最差的两位销售人员换成销售明星，公司业绩会怎样？薪酬支出显然会上升，但收入增幅会更大，因此多付薪酬是值得的。从这个角度看，薪酬的增加不是成本，而是投资。当然，这项投资也是有风险的，也许你满怀希望招来的并非销售明星。但不承担这样的风险，又怎能实现收入增长呢？

为客户创造价值的销售模式，成本不菲。因此在推行销售模式转型之前，你要认真研究市场机会、仔细分析自身业务，看看到底是否值得投入必要的时间、精力及成本。新型销售模式的确能帮助许多微利或亏损的公司打个漂亮的翻身仗，但如果公司已经深陷困境，或者市场占有率极低，其效果也许并不会很好。因此，选择正确的市场及时机，是降低风险、提高胜算的不二法门。

有些情况下，还需要重新定义市场，因为并非所有的客户都是优质客户。有些客户目光长远、思维开明，能够看到与供应商进行深度合作的价值，你要把新型销售模式的重点放在这些客户身上。而有些客户可能对此心存怀疑或是毫无兴趣，那么你就可以依旧采取传统的销售模式。事实上，即便是那些成功推行新型销售模式已经好几年的公司，仍有30%左右的销售收入是靠传统销售模式获得的。此外，电子商务渠道也可以推动销售收入提升。

从何入手推行新型销售模式，会影响公司整体的资源配置及业务构成。很多CEO都会鼓励员工大胆尝试、锐意进取，在业务上实现突破，大幅提升销售规模。这样的良好愿望自然是无可厚非，但也要清楚地认识到，这样的突破不可能天天有。业绩提升更多要靠日常工作中的点滴积累、持续进步。新型销售模式的确能带来突破，但更为重要的是，能带来可持续的销售绩效提升。CEO需要在公司中营造一种氛围，鼓励员工在风险可控的前提下，探索新的可能性。在传统销售模式下，这样的做法几乎是没有生存空间的。

此外，销售队伍的组织形式，也要以提升绩效为出发点。通常，按区域组建销售团队，让每位销售人员负责所有产品的销售，成本相对较低。但是，随着企业业务日益复杂，销售人员很难对所有产品服务、所有行业应用、所有客户情况都了如指掌，很可能需要按行业搭建销售队伍。虽然这种方式成本相对较高，但更有利于销售人员重点聚焦部分细分行业，深入钻研部分产品线，更可能与客户建立更为紧密的深度合作关系。销售人员对客户及其所在行业越了解，为其制定的价值定位就会越精准。

业绩目标重在增收

增收和节支，究竟以哪个为重？制定业绩目标时就可见分晓。业绩目标通常是以季度或月份为单位制定的定量财务指标，意在将目标分解、责任到人。新型销售模式，需要用新的方法来制定业绩目标。

很多企业的业绩目标及相应的财务预算中，都包括数十项甚至上百项的成本科目，而关于收入，通常只有寥寥几项。这反映了管理层对成本控制的高度重视，也导致收入管理难以有效开展。建议企业在制定业绩目标时，对不同类型的收入进行细分，比如区分来自现有及新增业务的收入，并在现有业务中区分来自老客户及新客户的收入。无论具体采取什么方式，不同类别不能相互重叠。除了增长，还需要充分考虑收入下降的可能性，比如现有客户的订单损失等。推动收入增长也会产生相应的费用，这些费用应当计入成本预算之中。这部分费用与其他费用不同，这是直接用于实现收入增长的必要投入，我将其称为"增收预算"。增收预算能够帮助企业领导者更好地了解收入来源，从而更好地分配资源、部署人员。

增收预算还能帮助企业领导者直观地看到新型销售模式能创造的价值。在推行销售模式转型之初，首先发生的是费用上升，而不是收入增长。但随着与客户关系的日益深化，客户对新型销售模式的日益认可，企业就能摆脱过去一味血拼价格的困境，实现溢价，带动销售收入节节攀升。

要想实现销售模式转型，必须要有资金支持。钱从哪儿来呢？这时需要企业高层做出关键决策。资金有两个来源：一是提升经营效率,很多企业会每年定期推动一次;二是降低经营复杂性,比如某种产品的单品数量过多、某个品类的产品数量过多,或是达不到基本合作标准的客户过多等。

总成本的规模是有限的,要投入资金推动销售模式转型,就得从其他方面抽调资金。很多企业的财务总监习惯于削减成本,因此面对增收预算,即需要追加投入实现收入增长的方式,常常会感到很纠结。然而,真正懂得收入增长重要性的财务总监,就会有意识地克服传统预算模式的局限性,主动为增收预算寻找资金来源。比如几年前,我在高露洁公司开会,有位我以前的学生正好从门口走过,看见会议室的门开着,就进来跟我打个招呼。聊了两句之后,他说:"我得走了,得去为业务增长寻找资金支持去了。"他当时的职位是高级财务经理,从他的话里我意识到,高露洁是一家非常重视收入增长的企业。

业绩评估推动转型

企业定期的业绩评估是影响员工心态、工作重点及工作关系的重要手段。企业管理层可以通过考核预算落实、经营业绩及员工绩效,来跟进评估各个销售项目的进展情况,并规划部署下一步工作计划。对于那些能够掌握新型销售模式的，可以考虑适当晋升；对于那些不得要领的，可以考虑进行淘汰。此外，还应该借此机会给予反馈，帮助销售队伍成长。

在业绩评估方面，很多企业会定期召开月度或季度经营会，但这些会议往往过于注重历史业绩，使得参会人员常常忐忑不安甚至充满恐惧。这样的会议氛围及讨论重点都不利于推行新型销售模式。推行新型销售模式的核心在于营造团队协作的良好氛围，在于引导大家放眼未来，思考如何做得更好。高管可以通过提问，帮助大家发现此前被忽略了的潜在问题及主要障碍，并提出具体的指导建议，比如如何收集客户信息、如何确定价值定位等。这些事前的深入研讨，能够有效帮助大家未雨绸缪。

在这种经营会上，高管的提问就是指挥棒。如果高管能够深入挖掘收入增长的方法，密切关注法务及财务等部门如何满足客户需求，大家就会意识到这些议题的重要性。

此外，高管还要留意团队的情绪起伏，尤其是在推行销售转型的初期。销售经理往往面临着巨大的挑战，难免会有士气低落的时刻。一方面自身要适应全新的销售理念及销售模式，另一方面还要协调推动其他部门精诚合作。也许此前他们从未做过类似的工作，也许其他部门的相关人员级别比他们还要高，如果发现其他部门没有积极配合，高管必须果断介入，迅速调查，迅速解决。

与此同时，高管还要把经营会当作识人、选人的机会。看看哪些人有商业头脑，有能力收集客户信息，分析客户需求？有能力在没有级别及职权的情况下，有效组织跨部门协作，并领导大家最终完成价值定位及客户规划？在之后的相关人员绩效考核以及领导梯队规划中，要充分考虑这些洞察结果。

很多企业会在年底，依据量化的业绩指标进行每年一度的绩效考核，并决定奖金数额、股票期权、加薪幅度以及升职与否等。推动销售模式转型不仅要考量诸如收入利润等定量指标，还要对一些更为全面的定性指标予以必要的重视，比如是否有商业头脑、团队建设能力、推动跨部门协作的能力、与客户建立长期且紧密关系的能力，以及能够根据客户业务需求及其关注重点，制定出有创意、有说服力的客户服务方案的能力。归根到底，是这些能力决定了销售人员是否能够掌握全新的销售模式，是否能够取得销售佳绩。

为了强化新型销售理念，公司高管可以考虑设立"特别奖"，旨在肯定并奖励那些在过去一个月中成功拿下销售订单，并在利润率及收入增长方面有所突破的销售团队。年底的时候，还可以准备一份大奖，肯定并奖励在过去一年中表现突出的销售团队领导者。

薪酬激励与之挂钩

在传统销售模式下，薪酬激励都是围绕着定量指标，尤其是销售额实行的。要想推进落实销售模式转型，公司还需要改变过去的薪酬激励机制。除了定量指标，还需要考量具体的销售行为，比如是否会主动与客户沟通，是否愿意推动跨部门协作等。

2006年，美德维实伟克公司对其包装业务完成了重组，并开始着手推动销售模式的战略转型。该公司人力资源部是战略转型的有力推手，他们与总部及包装业务的相关负责人一起，深入分析了公司现行的销售激励政策，并确认了哪些部分应当保留，哪些部分需要调整。他们依据各个业务部门的具体情况，制订了新的销售激励方案，并在随后的7个月中，在各业务部门依次落实，完成了整体包装业务的销售激励改革。

该公司人力资源部高级副总裁琳达·施赖纳（Linda Schreiner）

说:"新的销售激励方案主要是根据各部门具体情况而制订的。新老方案最大的差别在于,考量的内容不同、激励的重点不同。在新的方案中,我们重点激励的是那些能够制定清晰客户规划,并在利润水平提升方面有突出表现的销售人员。"

该公司薪酬分析员安吉·帕里什(Angie Parrish)具体负责销售激励方案调整工作。在她看来,新方案的核心在于对利润水平的关注。尽管业绩指标中也有对销售量的要求,但销售人员的奖金仍主要是由其实际创造的利润多少来决定的。

此外,新的销售激励方案中还有对"战略重点"完成情况的要求,即对掌握新型销售模式的能力要求。帕里什说:"其目的在于把业绩目标与能够创造业绩目标的行为要求结合起来。因此,我们要考量销售人员是否有能力制定高质量的客户规划,是否能与客户关键人及主要决策人建立良好的客户关系,是否能够清晰地向客户介绍产品及服务,并说明自己的解决方案究竟能为客户创造哪些具体的价值。基于这些维度,公司高管及销售经理会对销售人员进行评估,并将其分成三个级别:入门级、达标级和卓越级。"

虽然销售业绩的取得主要是销售人员个人的功劳,但销售经理、市场营销、技术支持、客户服务等相关人员也都是整体销售团队中的一员，功不可没，因此也同样应当得到肯定和激励。所以，新的销售激励方案也将他们考虑在内，具体激励额度根据其贡献大小而定。随着新型销售模式的推进，公司在销售激励方面的经验逐渐丰富，其他职能部门也将逐步被纳入销售激励机制之中。

美德维实伟克公司的实践说明，在设计销售激励政策时，首先是要明确目的所在，然后再据此制定具体要求，比如提升销售能力、利润水平、调整产品结构、增加销售收入等。在制定业绩要求时，不能仅考虑定量指标，还要考虑定性指标，要引导销售行为的改变，并对此进行激励。此外，在设计阶段，还要尽早听取财务及信息系统方面的意见，确保考核激励的可行性。

新的销售激励政策于2007年年初在美德维实伟克公司开始正式实施。新的激励政策很好地体现了公司高管对销售队伍的要求，得到了销售人员的认可，并取得了喜人的初步成效。

转型成败如何评判

在新型销售模式下，拿到订单只是一个开始。最终的考验在于，能否兑现此前的承诺，真正为客户创造价值。对此，公司高管应当制定出明确的评判标准，并与客户达成共识。只有当承诺兑现，客户获益之后，才能对销售团队进行奖励。

毫无疑问，推动销售模式转型会是场持久战，需要公司上下的长期投入。从以往经验来看，至少需要三年的时间，才能真正掌握新型销售模式，而且之后还要不断地改进提升。要想成功转型，就要谨遵一条原则：只有客户成功，你才能成功。随着新型销售模式逐步显现威力，这样全新的销售理念也会更加深入人心。

公司高管必须亲力亲为、坚持不懈地推动销售模式转型。为此，要对转型成败制定出具体的评价体系，定期跟进落实、评估转型进展。无论跟进的频率如何（每周、每月或每季度）及方式怎样，都要回答以下这些问题：

- 提交销售提案后，赢得及失去订单分别是什么原因？
- 开始试点的客户，对新型销售模式的接受程度如何？
- 下一批试点客户，如何选择？哪些是现有客户，哪些是潜在客户？
- 在试点的客户中，哪些已开始与我们进行深度的业务探讨并愿意听取我们的建议？

- 我们的销售人员，是否有能力引导客户并为之量身定制独特的解决方案？
- 我们的定价机制，是否与客户最关心的产品性能紧密相关？
- 我们的客户分析，在信息收集方面，是否充分？在需求分析方面，是否到位？
- 我们的内部沟通，在涉及跨部门协作时，相关信息是否能顺畅地传递到需要的部门？

全面思考以上问题，能够帮助你了解销售模式转型的进展如何。

如果新型销售模式能在公司生根发芽、开花结果，你会看到以下这些喜人景象：

- 销售条线领导人得到晋升，负责其他条线或公司整体业务。
- 销售队伍招聘时，更加看重的是具备基本的商业头脑、喜欢团队协作并有潜力成为团队领导的人才。
- 其他职能部门招聘时，更加强调跨部门协作以及创新思维能力。

- 销售人员全面收集、深入分析客户信息,并会主动与产品研发、市场营销及产品定价等相关部门,就客户信息进行沟通。
- 除了销售人员,其他部门同事也开始主动思考,如何更好地满足客户需求。
- 除了销售人员,其他部门同事也能够与客户相应部门建立良好的合作关系。
- 客户会主动联系我们。
- 客户信任我们,愿意与我们分享其未来的业务发展计划。
- 客户尊重我们,认为我们有独到之处,不同于其他竞争对手。
- 客户会大力推荐我们,因为我们能兑现承诺,真正为其创造价值。

第8章
What the Customers Want You to Know

再接再厉,合作双赢

斯特吉斯公司在销售模式上的成功转型，引起了很多人的关注。猎头公司想挖走公司的销售精英；其他业界同行及兄弟企业也想与公司学习交流。几个月前，该公司 CEO 杰克·加勒特收到了 Technologies 软件公司董事长拜伦·奥尔特打来的电话，这是一家发展势头良好的软件公司。这个电话让杰克感到颇为惊喜。

拜伦在电话里说："杰克，你们公司成功转型的事我都听说了。其实我们也在推行销售模式转型，而且起步时间比你们还早，新型销售模式真的非常有用。我打电话来，是想邀请你担任公司董事，因为我们有位董事很快就要退休了。你的商业智慧、卓越的判断力以及身体力行的领导力，肯定会令我们公司受益良多。当然，我们的董事会也很棒，相信你也一定会从中有所收获。"

对此邀请，杰克有些犹豫。因为推动公司销售模式转型几乎占据了他全部的时间，他不确定是否还有余力担任另一家公司的董事。电话之后，两人相约共进午餐。席间拜伦分享了很多该公司如何通过销售模式转型推动业务增长的经验。杰克感到担任该公司董事，对自身业务发展也会有很多益处，因此答应了奥尔特的邀请。

拜伦还介绍了斯特吉斯公司过去跌宕起伏的发展历程。20世纪90年代末是IT业的黄金时代，市场上对复杂软件产品的需求很大，而且IT预算很多。当时该公司软件技术先进，深受大公司CIO的青睐，于是公司趁势而上，实现了快速增长。然而好景不长，到了2000年黄金时代戛然而止，过去看重新技术应用的客户，开始只关心如何节约成本。斯特吉斯公司的多项业务出现了零增长，为了保利润不得不大幅削减成本。

要削减成本，首当其冲的就是减少销售人员。然而结果却不尽人意，收入利润都受到了冲击。于是奥尔特决定另辟蹊径，推动销售模式转型。不用说，转型的过程是非常艰难的，但也非常值得。现在，新型销售模式已在斯特吉斯公司生根发芽，并成功把公司带回正轨，再度实现了蓬勃发展。

拜伦对杰克说："现在我们要做的，就是再接再厉，精益求精。两年前，我发起了每年一度的'客户峰会'，即邀请十几家合作最好的客户高管，与我们公司高管共聚一堂。其中一项议程就是一小时左右的客户交流。我会对那些与会的客户高管说，我们想做得更好，想看看竞争对手有哪些独到之处，看看我们还能在哪些方面做得更好，请大家给我们提些坦诚中肯的意见及建议。如果你有兴趣，也欢迎你来参加今年的客户峰会,亲身感受一下,客户是如何看待新型销售模式的。"

现在,杰克就在前往雷根特俱乐部的路上,去参加他生平第一个客户峰会。

当杰克赶到时,大家已经聚集一堂。有10家客户出席,一共来了24位嘉宾。斯特吉斯公司方面也有24人参加。杰克刚跟几位嘉宾打了招呼,拜伦就请大家落座了。

整个氛围非常轻松。拜伦在开场白中,首先对各位客户嘉宾在百忙之中抽时间参加峰会表示了衷心的感谢;然后他请各位嘉宾一一作了自我介绍。最后他还强调了客户峰会的主旨意图:"希望能够借此机会,充分听取各位的想法。为了双方在未来有更长远的合作和发展,还请各位能直言不讳地指出我们的缺点和不足,比如在哪些方面应该做,但还没有做;或是做了,但做得还不够。请相信我,我们不会试图辩解,不会强调理由。因为在我们看来,各位的直言不讳是礼物,能帮助我们不断进步。"

拜伦的开场白之后,一位大客户的CIO率先发言。他说:"五年前我刚担任CIO的时候,我们最看重的是如何削减成本,增加在客户拓展及市场营销方面的投入。但现在情况不同了,在成本节约的基础上,我们还希望为客户创造价值。对此,你们应当与我们加强沟通，共同探讨如何实现。你们不仅要帮我们节约成本，还要对如何推动业务发展提出切实可行的建议。过去三年，你们在这方面取得了长足的进步，但还需要再接再厉。例如，你们总是从技术角度谈问题。你们用的技术术语，我们既听不懂也没有兴趣。你们应当在更高的业务层次上与我们对话。例如，未来两年的行业发展大势是什么？预期的市场变化对我们的业务意味着什么？我们应当如何更好地利用市场变化，形成有力的竞争优势？总而言之，你们要对我们所处的行业及我们经营的业务，有更为深刻的理解。"

杰克注意到，拜伦听得特别认真，而且看上去挺高兴的。即便是在客户抱怨的时候，他也没有面露不快。客户说完，拜伦回应道："你说的很有道理，我都记下了。对此，我有个请求。作为第一步，可否麻烦你们办两三次讨论会，请你们的技术专家给我们的销售人员讲讲当前的形势以及未来的趋势？这个想法怎么样，你们能投入这么多时间和精力来帮助我们的销售人员吗？先了解你们的想法，可以帮助他们更快地学习。"

那位 CIO 回答说："我们也许不能把所有技术专家一次都召集齐，但可以安排时间与你们的销售人员进行交流，一对一或者集体讨论都可以。"

杰克发现了拜伦的高明之处，他把客户的不满转化为具体行动，不仅向客户证明了自己愿意学习了解客户所处行业及经营业务的诚意，而且还有助于深化客户关系，让销售人员接触到此前没有机会见到的人。

下一位发言的是位CFO，该客户规模相对较小，正面临着激烈的市场竞争。他说："我喜欢与你们合作的一个原因是，当双方意见不同时，你们不会回避，不会我们说什么你们就怎么做。很多你们的竞争对手，尤其是我们打过交道的几家印度公司，往往碍于客户关系，不敢提出自己的看法，尽力回避冲突。等到之后出现问题的时候，我们才发现这些问题本来是完全可以避免的。"

他接着说："另一个原因是你们的跨部门协作，不同职能的人员组成了有力的工作团队，我们很喜欢与你们的团队一起工作。这种工作方式很关键，希望你们能继续保持下去，不断发扬光大。"

这番话让杰克颇有感触。他一直坚信跨部门协作的重要性，客户的CFO也能看到这种工作方式的价值，并对此表示了充分认同，令他备受鼓舞。从目前情况看，自己的公司在这方面做得还不错，但他也清楚，销售模式转型才刚刚起步，率先践行的是那些相对能力较强、对新模式较有热情的人。随着转型的不断深化,需要得到更多员工的认同与支持。这要怎样才能做到呢?这也正是他想找时间与拜伦讨论的。

随后发言的是某零售连锁公司的执行副总(EVP),负责市场营销工作。尽管第一位发言的 CIO 认为公司对行业的了解还不够多,但这位执行副总并不这么认为。他说:"你们是我们长期合作的少数几家供应商之一。为了帮我们在市场上占有一席之地,你们不断地献言献策。你们对零售行业的精深了解让我既惊讶又惊喜。我的领导参观过你们的印度分公司,在那里,你们甚至搭建了一个与我们一模一样的虚拟门店,这完全出乎他的意料。"

这时,在座的一位金融公司的 CIO 忍不住要说两句。"拜伦,咱们合作已经两年了,总的来说还是很愉快的。但我认为,你们的员工对行业的理解还有待深入,至少在投资银行领域是这样。他们十分精通软件技术,但对行业运作,还不太熟悉。在我们公司,有些金融交易需要事先征得相关投行业务负责人的批准才能完成,然而,你们的员工目前还无法与我们的投行业务人员进行很好的沟通。你们需要弄清楚什么是衍生金融产品,什么是掉期交易,不同产品的交易流程是什么,才能真正与投行业务人员讨论，如何更好地使用你们的软件。"

杰克知道，弄懂金融衍生产品可不是件容易的事。他观察到，拜伦正在利用这个机会征求客户的意见，是否应当招聘一些有投行经验的人，来加强公司的销售队伍。

又有一位 CFO 举手发言，他说他一直在密切关注印度局势。在过去 10 周中，卢比已经升值了接近 10%，而且预计印度政府很快还会有新的调整动作。目前印度劳动力成本每年增长率已高达 20%，最近的这些情况似乎还会进一步推高其增长势头。他说："在我看来，成本上涨必然会挤压你们的利润空间，迫使你们上调价格。如果你们真的有此打算，请务必及早告知。虽然我很理解你们的难处，但我也需要时间进行内部沟通，让大家理解你们涨价的确事出有因。对于咱们双方，涨价都很不容易，如何才能实现双赢呢？"

谈到印度，有家客户的 CEO 不禁说起了自己面临的问题："我们在印度有好几项 IT 业务，但都经营得不好。公司总部远在美国，很难对印度方面进行有效的管理。我们一直想把那部分业务出售给更有能力经营的公司。拜伦，你要是有兴趣，欢迎随时给我打电话。"

会议持续了整整两个小时，其间既有表扬也有批评，既有意见也有建议，拜伦始终泰然自若。对于批评，他表示会认真考虑；对于表扬，他也会谦虚致谢。在会议过程中，杰克都在做笔记。之后进行晚宴，他向同桌的客户询问，他们起初是如何与公司建立业务关系的。

此刻，他清晰意识到，光让客户分享信息是不够的，更重要的是之后要予以落实。回去之后，他需要与所有公司高管在这个问题上达成共识。此外，公司要采取新的举措之前，也应该提前跟客户主动沟通，客户的反馈意见没准能帮助自己少走弯路。

会议很快就要结束了，但还有两位客户要发言。拜伦示意说，女士优先。

这位女士笑着说："拜伦，你别紧张，我没有什么不满意的。你们的销售团队让我最欣赏的一点是：在会前，他们总能做好充分准备；在会上，他们总能抓住要点。他们从不会浪费我们的时间。如果他们认为我们的方向错了，也会直言不讳、有理有据地指出来。"她还提到，只要需要，她本人及其直接下属总能很快找到斯特吉斯公司相关工作的具体负责人。"在你们的销售团队中，每个人都有自主权，因此客户不必为了解决某个问题而走各种繁杂的内部流程。"

在会议的最后，客户们都对斯特吉斯公司财务及法务部门负责人赞誉有加。

有位客户代表是一家交换设备商法务部门的高级经理。他说："在此，我必须好好感谢你们公司财务及法务部门负责人。众所周知，我们公司的采购合同非常复杂。在和其他供应商合作时，为了签订合同，要走无数流程，等所有人签完字，至少得好几个星期。但是你们公司则不然，通常几天之内就办妥了，而且还能充分为客户考虑，尽可能地灵活调整，满足客户的特定需求。虽然你们的销售人员在谈判时经常毫厘必争，但我们也很理解，而且咱们双方的确实现了双赢。"

客户峰会结束后，杰克开车回家。在路上，有两件事变得清晰起来。一是，斯特吉斯公司在推动销售模式转型方面，还有很多工作要做。从这个角度看，自己出任 Technologies 公司董事一事是非常明智的选择。二是，他决定在斯特吉斯公司推行新的销售模式，力图真正为客户创造价值，是非常正确的决策。他开始想，自己公司什么时候可以举办类似的客户峰会。对此，他已经迫不及待了。他计划每年办两次，届时要把公司董事都请来。

杰克一手握着方向盘，一手拿着录音笔，把今天所学全都记录下来。

他说:"我要确保帮助公司员工了解客户所处的行业状况。对此,要对销售团队进行培训,或可考虑招聘有相关行业经验的人加入公司。"

"客户非常看重在信守承诺的前提下,我们能够更加了解客户的特定需求,并进行灵活调整,加以满足。对此,公司要更多地授权给一线员工,让他们能够灵活决策,快速帮助客户解决问题。"

"当计划有变时,客户希望我们提前与之沟通。我要确保所有人在这一点上都有共识,因为这是建立信任的一个重要环节,但我们在制订计划时,往往忽略了。"

"我还要再次向销售团队强调,发现问题时要勇于与客户沟通探讨。尽早发现问题、解决问题,总比等问题变得严重时再处理好得多。"

"组建跨部门销售团队,是很好的工作方式。随着新型销售模式的不断深化,跨部门销售团队的数量会大幅增加。要确保新的团队成员也有同样的热情及能力,推动落实跨部门协作。"

"客户峰会是个好办法,如果能邀请公司董事参加,就更好了。我们也要尽快举办。客户在会上的反馈，就是我们为客户创造价值的新切入点。"

* * *

推动销售模式转型，绝不是一朝一夕就能完成的。从传统的买卖模式，到新型的、以为客户创造价值为出发点的销售模式，需要公司对过去的工作理念及工作方式进行彻底的改造。所有职能、所有部门都要把服务客户放在第一位。斯特吉斯公司虽然是虚构的，但描述的情况却是真实的。希望大家能从中感受到，企业领导人在推动销售模式转型上，需要投入多少精力，付出多少努力。

从你决定走上转型之路开始，你一定会面临各种困难，遇到各种障碍。例如，对于诸如财务、法务、产品开发及人力资源等销售支持部门，应当制定怎样的薪酬激励机制？除了客户采购部门，应当通过哪些具体办法，与客户其他部门及其他关键决策人建立良好关系？在客户选择方面，应当怎样判断客户是否适合采用新型销售模式？在公司内部，应当如何营造出鼓励创新、寻求突破的工作氛围？此外，企业领导人还要认真思考公司的未来发展，比如应当选择哪些细分市场，应当推出哪些产品及服务等。有决心推动转型的领导人,不会被困难吓倒,他们会迎难而上,会带领企业面向未来。

其实换个角度想,任务艰巨也是件好事。正是因为困难重重,所以不是每家企业都有意愿接受这一挑战,有能力战胜这些困难。因此,那些真正能够坚持到底、成功转型的企业,将得到丰厚的回报。真正为客户创造价值的新型销售模式,已帮助 Unifi 公司、美德维实伟克公司以及汤姆森金融公司取得了成功,占据了领先优势。

推动销售模式转型,不必一开始就面向所有客户全面铺开。在所有客户中,总有一些更具远见、更愿创新,更能看到与供应商深度合作可以创造价值、实现共赢的企业。从他们入手,逐步推广。

一旦启动,就不要半途而废。销售模式转型不仅能有力推动业务发展,还能为企业源源不断地培养出优秀的管理人才。在人才为先的当今时代,这将带来巨大的竞争优势。此外,新型销售模式还能在企业内部激发出非比寻常的创新突破,帮助企业在日趋激烈的市场竞争中始终保持领先。

新型销售模式可以帮助企业开启美好未来。

后记
What the Customers Want You to Know

对于斯特吉斯公司来说，10月可谓可喜可贺。三季度的业绩喜人，收入利润都出现了逆势上涨，并好于预期。这一切都要归功于，公司成功深化了与几家大客户的关系，其中包括有些险些丢掉的客户。业绩发布几天后，苏珊（公司负责销售的执行副总裁）碰到杰克，告诉他有个销售团队刚与Tri-Net签订了为期4年的合同，这是公司有史以来最大的合同。杰克听到这个喜讯，立即给该销售团队所有人写信道贺。此外，杰克还专门给该销售团队负责人查理·鲍德温写了一封信。

亲爱的查理：

恭喜你与Tri-Net公司成功签订合同。在你的带领下，公司上下齐心协力，展现了卓越的客户服务及团队协作能力，而且还向Tri-Net公司证明，我们能帮助他们开拓新的市场，实现新的收入增长目标。你做得非常出色！

这个合同不仅金额巨大，而且对我们具有非凡的战略意义。它表明，在外部与客户建立多层次的深度合作关系，以及在内部打破部门壁垒推动跨部门协作的重要性；它还表明，新型销售模式的确能为客户、为我们自己创造更加美好的未来。只要我们坚持不懈，我们就能激发出员工巨大的潜力，就能制订出真正能为客户创造价值的独特解决方案，就能理直气壮地根据我们为客户创造的价值，向客户要求溢价。

看到你在过去的一年半中取得了长足的进步，我感到十分欣慰。在推动销售模式转型方面，你已经成为全公司的楷模。公司有你，备感幸运。

祝你假期愉快！

杰克

查理看到这封信时，他太太米雪儿正在预订巴黎的酒店。新型销售模式的确很有效，公司新的薪酬激励机制也很有效。工作又变得充满了乐趣，生活真是美好啊！

附录
What the Customers Want You to Know

销售模式测评工具

下面是一项测评工具,能有效帮你评估销售模式转型的进展状况。建议你在转型成功之前,每季度做一次,以便实时跟进转型进展。此外,该测评工具还能帮你评估自身与竞争对手之间的优劣势。

请根据实际情况,以 1~10 回答以下问题。1 代表绝对不是,10 代表绝对是。

1. 在价格方面,我们能否获得溢价?能否避免陷入同质化竞争下的价格战?

2. 在销售模式方面,我们的销售条线管理层是否已经掌握了新型销售模式的关键要点及框架工具?

    A. 销售副总是否掌握了

    B. 大区经理是否掌握了

    C. 区域主管是否掌握了

3. 在细分市场及客户群选择方面,我们的销售队伍是否找准了切入点?

4. 根据客户反馈,我们的价值定位是否清晰明确,是否能真正满足客户需求?

    A. 是否与客户重点工作目标相一致

    B. 产品及服务基本属性如何,会带来什么直接效益

C. 会带来什么定量收益，尤其是对财务指标以及收入增长

D. 会带来什么无形收益，比如是否会提升品牌价值

5. 销售队伍是否掌握了制定客户规划的方法？

6. 销售队伍管理层是否能有效协调内部资源，形成跨部门团队，共同完成价值定位及客户规划，真正为客户创造价值？

7. 销售提案的成功率高吗？

8. 销售模式转型工作，是否已与企业其他工作形成了有机的整体？

A. 财务预算

B. 业绩评估

C. 丢单分析

D. 激励机制

E. 高管会议

9. 除了销售条线之外，其他部门是否也在践行新型销售模式，也在积极配合销售部门，为客户创造价值？

10. 客户如何看待销售模式转型，是否感受到新型销售模式的确能够为其创造价值？

11. 我们是否已与客户建立多层次、多条线的深度合作关系？

12. 我们是否已对客户的采购决策机制以及关键决策人有充分认知?

13. 我们是否已与客户建立了高度的信任?

14. 客户是否会主动征求我们的意见及建议?

15. 销售部门是否能为企业其他管理岗位培养后备人才?

致　　谢

本书的撰写得到许多成功企业家的大力支持。他们在百忙之中抽出宝贵时间，与大家分享他们的经验教训，对此我充满感激。在此，我要真诚地感谢蒂姆·埃亨 (Tim Ahern)、吉姆·巴扎德 (Jim Buzzard)、肯·克拉夫林 (Ken Claflin)、马克·克罗斯 (Mark Cross)、卢·埃克尔斯顿 (Lou Eccleston)、鲍勃·菲泽 (Bob Feezer)、迪克·哈林顿 (Dick Harrington)、本·霍尔德 (Ben Holder)、克莱顿·利亚巴顿 (Clayton LiaBraaten)、约翰·卢克 (John Luke)、加里·马洛伊 (Gary Mulloy)、拉夫·奥尔森 (Ralph Olson)、布莱恩·帕克 (Brian Parke)、安吉·帕里什 (Angie Parrish)、杰伊·罗伯逊 (Jay roberston)、琳达·施赖纳 (Linda Schreiner)、丹尼斯·西蒙 (Dennis Simon)、吉姆·史密斯 (Jim Smith) 和鲍勃·惠特曼 (Bob Whitman)。

我还要感谢道格·西尔斯 (Doug Sease) 与格里·韦利根 (Geri Willigan)，他们二位在成书过程中给了我很多帮助。道格是位写作经验丰富的记者，他不辞辛劳地将各种笔记及讨论整理成为通顺的文字。格里已经与我一起工作了十多年，她负责梳理重要观点、完善行文结构，使得本书更具可读性。编辑大师查理·伯克 (Charlie Burke) 及我的多年老友约翰·乔伊斯 (John Joyce) 也都给了我很大帮助。

我还要特别感谢本书的另外两位编辑艾德里安·扎克海姆 (Adrian Zackheim) 与杰弗瑞·克雷姆 (Jeffrey Krames)，谢谢他们对我的鼓励以及对本书所做的贡献。我也要感谢考特尼·扬 (Courtney Young) 在本书编辑及制作方面给予我的支持。

最后，我要衷心地感谢在我达拉斯办公室辛勤工作的辛西娅·波尔 (Cynthia Burr)、凯伦·贝克 (Karen Baker) 和卡罗尔·戴维斯 (Carol Davis)，感谢她们给予我的各项行政支持。

拉姆·查兰管理经典

书号	书名	定价
47778	引领转型	49.00
48815	开启转型	49.00
50546	求胜于未知	45.00
52444	客户说：如何真正为客户创造价值	39.00
54367	持续增长:企业持续盈利的10大法宝	45.00
54398	CEO说：人人都应该像企业家一样思考（精装版）	39.00
54400	人才管理大师：卓越领导者先培养人再考虑业绩（精装版）	49.00
54402	卓有成效的领导者：8项核心技能帮你从优秀到卓越（精装版）	49.00
54433	领导梯队：全面打造领导力驱动型公司（原书第2版）（珍藏版）	49.00
54435	高管路径：卓越领导者的成长模式（精装版）	39.00
54495	执行：如何完成任务的学问（珍藏版）	49.00
54506	游戏颠覆者：如何用创新驱动收入和利润增长（精装版）	49.00
59231	高潜：个人加速成长与组织人才培养的大师智慧	49.00

彼得·德鲁克全集

序号	书名	序号	书名
1	工业人的未来 The Future of Industrial Man	21 ☆	迈向经济新纪元 Toward the Next Economics and Other Essays
2	公司的概念 Concept of the Corporation	22 ☆	时代变局中的管理者 The Changing World of the Executive
3	新社会 The New Society：The Anatomy of Industrial Order	23	最后的完美世界 The Last of All Possible Worlds
4	管理的实践 The Practice of Management	24	行善的诱惑 The Temptation to Do Good
5	已经发生的未来 Landmarks of Tomorrow：A Report on the New "Post-Modern" World	25	创新与企业家精神 Innovation and Entrepreneurship
6	为成果而管理 Managing for Results	26	管理前沿 The Frontiers of Management
7	卓有成效的管理者 The Effective Executive	27	管理新现实 The New Realities
8 ☆	不连续的时代 The Age of Discontinuity	28	非营利组织的管理 Managing the Non-Profit Organization
9 ☆	面向未来的管理者 Preparing Tomorrow's Business Leaders Today	29	管理未来 Managing for the Future
10 ☆	技术与管理 Technology, Management and Society	30 ☆	生态愿景 The Ecological Vision
11 ☆	人与商业 Men, Ideas, and Politics	31 ☆	知识社会 Post-Capitalist Society
12	管理：使命、责任、实践（实践篇）	32	巨变时代的管理 Managing in a Time of Great Change
13	管理：使命、责任、实践（使命篇）	33	德鲁克看中国与日本：德鲁克对话"日本商业圣手"中内功 Drucker on Asia
14	管理：使命、责任、实践（责任篇）Management: Tasks, Responsibilities, Practices	34	德鲁克论管理 Peter Drucker on the Profession of Management
15	养老金革命 The Pension Fund Revolution	35	21世纪的管理挑战 Management Challenges for the 21st Century
16	人与绩效：德鲁克论管理精华 People and Performance	36	德鲁克管理思想精要 The Essential Drucker
17 ☆	认识管理 An Introductory View of Management	37	下一个社会的管理 Managing in the Next Society
18	德鲁克经典管理案例解析（纪念版）Management Cases(Revised Edition)	38	功能社会：德鲁克自选集 A Functioning Society
19	旁观者：管理大师德鲁克回忆录 Adventures of a Bystander	39 ☆	德鲁克演讲实录 The Drucker Lectures
20	动荡时代的管理 Managing in Turbulent Times	40	管理（原书修订版）Management (Revised Edition)
注：序号有标记的书是新增引进翻译出版的作品		41	卓有成效管理者的实践（纪念版）The Effective Executive in Action